地方議員を問う

自治・地域再生を目指して

梅本清一
UMEMOTO Seiichi

論創社

はじめに

「政活費《せいかつひ》」――。「生活費」ではない。政務活動費の略称である。連日、新聞の見出しに載った言葉である。調査活動に費やす目的で地方議員に支給される制度だが、地方議員が架空請求し、果ては飲食代などの「遊興費」や「生活費」に化けた。笑えない話なのだ。

二〇一六年、富山県内の県議会、富山市議会、高岡市議会で、議員による政務活動費の不正受領が相次ぎ、翌一七年四月の富山市議選までに県議、市議を合わせ一八人（同年八月で一九人）が辞職した。まず県議（副議長）の不正が地元の北日本新聞のスクープで発覚し、富山市議会に飛び火、自民党会派の〝ボス〟の議員辞職を機に市議会内で「ドミノ現象」のごとく辞職が続いた。

政務活動費の不正事件は二〇一四年、でたらめな政務活動費を請求していた兵庫県議会の〝号泣県議〟が話題になったが、以前から全国の地方議会で散発的にニュースになっていた。異常な富山市議会から全国の地方議会に波及、政務活動費がクローズアップされた。富山県内外の県議会や市町村議会でも制度の見直しや条例改正へ動き出した。だが、この問題は、モラルに欠ける議員や甘い制度を非難するだけで済む話ではない。

蔓延していた不正は、共通の病理現象と推察する。本書のテーマは、さまざまな要因があるだろうが、こんな議会や議員がいつごろ、どこで、どうして生まれてしまったのか。なぜ病巣にたどり着けないのか。この疑問を少しでも明らかにし、今、地域にとって地方議員とは何かを提示することである。

不正の発覚に先立ち、富山市議会自民党会派などが同年四月、市長に現行一カ月の議員報酬六〇万円から七〇万円への増額を要望した。一気に一〇万円という市民感覚とかけ離れた増額に対し、批判や反対の声が渦巻いた。それにも関わらず、市議会は六月議会で強行可決した。二つの問題の背景には、市民の声に耳を傾けない閉鎖的な議会、さらに長年の議会と行政との〝談合〟にも似た構図が透けて見える。

議員に支給される政務活動費。個々の不正額は数百万円から数十万円。過去三年間でトータルすれば、四千万円を超える。辞職議員以外も含め、組織内に蔓延していた。富山市議は月額一五万円、富山県議三〇万円。東京都議は六〇万円という。日本中の地方議員に支給されているわけでない。小規模な町村議会は数万円の活動費さえ、財政事情が許さないのだ。

このお金は市民の税金である。現場を歩き、調査し、政策を磨き、首長や行政当局への監視機能を発揮し、時には議員自身が作り上げた条例案を議会に提出、市民の暮らしやまちづくりに生かすための、特別なお金だ。

それなのに開いてもいない政務活動報告会、作成してもいない報告書の印刷代、白紙の領収書の使用、架空の出張費を記した報告書、政務活動報告会のお茶菓子代……。手口を並べれば、切りがない。本来、返金すべき政務活動費を、虚偽の収支報告書を提出し、フトコロに入れていた。

富山市議会でお金を巡る問題が噴出していた同じ時期、東京都では都知事のカネにまつわる疑惑、さらに知事と議会、自民党会派や〝ボス〟との癒着が表面化し、築地から豊洲市場への移転に絡む不透明な行政などが問われた。人口減少で縮む地方都市・富山、片や一極集中の首都・東京。規模は大きく異なるが、事件は共に地方自治、地方議会を舞台に起きた。根っこに共通の問題が潜んでいると考え、都政についても言及した。

地方議員とは、地方議会とは――。多くの議員は表面的な、日常的な慣例や慣習を身につけ、住民の相談や陳情を聞き、役所に働き掛け、何となく議員の使命を果たした、と思い込んでいる。議会内の会派に所属し、会派ごとに行動する。会派は政党ではなく、地方議会は政党政治のぶつかり合いではない。基本は多様な考えを持つ、議員一人ひとりが集まって、初めて首長・行政機関に対抗できる。日々、議員の言動が試されているのだ。

国会議員と地方議員。共に議員バッジを着けている。国会議員は国民、地方議員は住民（市民）と向き合う。けれど、バッジの本質が違う。国会議員は国民の「代表」、地方議員は住民の「代理」であることを、地方議員も住民も、気づいていないのかもしれない。

二〇一七年、地方自治法が憲法と同時に制定されて七〇年。憲法の条項にある地方自治の本旨は、中央政府から独立し、住民の暮らしや地域に根差した仕事を担うことである。その中心の地方議員は憲法の実践者であり、地方議員を支えているのが住民だ。今、地方の人口減少が加速化し、地域は疲弊し、存亡の危機にあえぐ。このごろ、地方自治や地方分権の風が止み、一極集中と同時に、中央集権化が強まっているように見える。地域を一番知る地方議員、地方議会、そして住民の頑張りどころである。

いっそのこと、地方議員はバッジをはずして、議員活動をしてみてはどうだろう。住民の声に耳を傾け、意見交換や討論し、現場を歩く。権威の象徴、威光のように光るバッジが余計、住民に寄り添うことを邪魔していないか。住民が議員を見る目。議員が住民を見る目。バッジをはずせば、周りの風景が広く、大きく違って見えるはずだ。本書のタイトルを『地方議員を問う——自治・地域再生を目指して』としたのも、地域で頑張る議員像を求めたためである。

序文で富山県が生んだ衆議院議員、松村謙三（故人）の生き方を紹介した。日中国交樹立に尽くし、カネとは無縁の、清廉な政治家が身近に存在したことを想い起こしたい。一連の事件が全国に報道され、情けなく「まともな政治家がいないのか」と思い巡らした時、松村謙三が浮かんだ。偉大なのは松村の人格もそうだが、松村信者、松村宗と語り継がれる地域の人々の姿である。国会議員と地方議員の担う役割は異なるが、共に政治家であることに変わりはない。松村と地元支持者、住民との関係を学んでもらいたく、歴史上の人物にあらためてスポットを当て、政治家と住民の原点を見つめ直した。

◇

私は北日本新聞社を既に退職したが、一九九〇年代から二〇〇〇年代前半にかけ、富山県の地方政治、地方分権論議や「平成の市町村合併」を巡る自治体や地方議会を取材した。地方分権改革を唱えた細川連立政権、その後の戦後五〇年、地方分権一括法の成立を境に、地方自治の在り方とかたちが大きな曲がり角に立っていた。そのころ、軌を一に政務活動費の前身、政務調査研究費や政務調査費が支給され出した。首長・行政機関だけでなく、地方議会・地方議員の変革が期待されていたのだ。中核市となった富山市はいち早く、こうした制度を導入している。

この地方自治の転換期に地方議会、地方議員は議会改革や市町村合併に対し、どう議論し、どう向き合い、行動したのだろう。特に地方政治と地方議会の歴史をたどり、どこで不正の土壌が芽生えたのか——。執筆の動機は当時の現場を知る元記者として、私なりに検証することで教訓にしたい、と思ったからである。併せて、風通しのいい地方議会の在り方、住民が主人公であるための地方議会と首長・行政との関係、二元代表制について具体的な事例を挙げ、提言した。

本書は富山という一地方を舞台にした事件を契機に考察したものだが、全国の地域、地方議会に潜む共通点がある、と推察する。出版で地方議員と住民の意識、地方議会の改革、そして今、地域が縮小していくなか、何よりも住民に身近な地方議員、地方議会とは何かを考えるきっかけになり、地方自治と地域再生の一助になれば、と願っている。

◇

本稿の校正作業を終え、そろそろ印刷へゴーサインを出そうとしたところ、国政が大きく動き出し、解散総選挙が事実上、始まった。世の中、選挙の話題で持ち切りのなか、「地方議員」「地方議会」の話は目に止まらないのでは、との危惧する見方もあったが、最後に、以下挿入させて頂いた。

富山市議会の大幅な議員報酬増や政務活動費不正事件を端に、全国の地方議会や地方議員の在り方を問い、ことに停滞気味の地方自治と地方分権社会に活路を見出すため、地方自治体、地方議会、住民の頑張りを促したのが本書の趣旨である。地方自治や地方分権には「地方」という言葉が付くが、これは国政の大きなテーマである。しかし、国政を担う中央政府や霞が関が真剣に取り組まない歴史があり、現実がある。

かつての地方分権の動きも、知事など首長、地方議員や地方議会など地方が声を出し、地方自治や地方分権の推進を目指し、国政が動いた。本来、国政において、どのような政権下であろうが、地方分権の確立が必要である。国の安定的な発展に不可欠だと思う。

善《よ》きにつけ悪しきにつけ、「政治の源流は地方に在り」。バッジにしがみつき、野合に走る政界の面々だが、真に日本の現実や将来を知る現場は地方にある。以下、ページをめくり、読み取って頂ければ有り難い。

地方議員を問う——自治・地域再生を目指して◇目次

序章　松村謙三に学ぶ

二〇一七年二月、富山市内のコミュニティーセンターで、地域住民を対象に講演する機会を得た。富山市議会は前年来、政務活動費不正事件で議員が相次いで辞職、不正防止指針の見直し、四月の市議選を控え、浮き足立っているころだった。講演のテーマは「目指す地方議員とは」。議員へ支給が始まった政務活動費の歴史的背景や議会システムについて、語ろうと考えていた。

ちょうどそのころ、松村謙三《けんぞう》のことが気になっていた。富山県が生んだ清廉潔白な政治家、松村信者と言われた支持者たち。地元では「けんそはん」と親しまれていた。かつて、富山の地方議員に尊敬する人物を尋ねると、決まって、松村謙三の名を挙げた。最近の議員は知っているだろうか。講演の冒頭、「松村謙三の名前を知らない人、手を挙げて――」と尋ねた。聴衆は高齢者が多い、さすがにいないだろうと思いきや、前列の若い人が手を挙げた。何と現職の議員ではないか。驚いたが、今は昔、時代が違う。もはや歴史上の人物だ。わざわざ講演会に参加し、学びたいとやって来た若い議員だった。

この場を借りて、松村謙三と松村を支えた地域の人々の姿を紹介したい。

1　目指す地域の支持者とは

国民と共に歩む

松村謙三（一八八三～一九七一）。歴史に名を残す、富山県が生んだ政治家である。八八歳で亡くなるまでの四〇余年、戦前、戦後、衆議院議員として国政の場で日本のため、地方のため、大衆のため働き、いのちを捧げた。

松村の生まれは、富山県福光町（現南砺《なんと》市）。県西南部に位置し、石川県境の医王山《いおうぜん》（九三九メートル）の麓にある。県西部の庄川と並び、砺波《となみ》地方の小矢部川流域に広がる穀倉地帯だ。松村は早稲田大学を卒業し、報知新聞の記者になったが、父親の死去でふるさとに帰った。しばらくして福光町会議員、富山県議会議員を経て、一九二八（昭和三）年の第一回普通選挙で衆議院議員に初当選。東久邇宮《ひがしくにのみや》内閣の厚生兼文部大臣として初入閣、終戦直後の幣原喜重郎内閣では農林大臣として戦後の農地改革に果敢に取り組んだ。封建時代の象徴、地主・小作農の関係をあらため、農民に農地を解放することで食糧不足の解消、そして農業の発展の礎を築いた。二〇町歩を持つ松村は率先して農地を解放、各地へ出向き、地主らに説き続けた、と伝えられる。

五五年体制。自由党と民主党の保守合同で自由民主党が誕生した。松村は五九年の自民党総裁選で、政界にはびこる「金権政治」「権力政治」の打破と「公明選挙」を掲げ、現職の岸信介に挑戦した。

自民党大会総裁選まであと三日間、岸の無投票当選が確実視されていた。岸はこのころ、六〇年安保、日米安全保障条約の改定を控え、対米軍事同盟の強化を推進するが、日本の針路に対し、「対米従属一辺倒だ」と、危惧する声が広がっていた。時に松村は、「批判のない政治は堕落だ」と反主流派を結集し、出馬表明した。結果は岸三二〇票、松村一六六票。松村は総裁選出馬の意義を強調し、選挙前の予想を上回る票を獲得、存在感を示した。総理の座を逃しはしたが、民主政治の在り方を国民に問い、松村の「国民と共に歩む」大衆路線が共感を呼んだ。

堀利茂、松村謙三、石橋湛山、三木武夫、田中角栄、大平正芳、伊東正義……。自民党政治でタカ派に対し、中国との改善を模索したもう一つの保守派の流れをつくり出した政治家である。

松村のこれだけの実績だけなら、政治家として戦後政治に名を残すことはなかっただろう。松村の真骨頂は戦後一貫して日中の関係正常化、国交樹立に大きく貢献したことである。一九七二年、歴史的な国交樹立、日中平和条約を結んだ立役者は田中角栄首相だが、松村はいち早く戦後日本の進む道として、平和を築く上で体制は異なるが、隣国の大国・中国との交流が不可欠とし、「日中総連絡役」を買って出た。戦後の「日中冬の時代」に何度も訪中し、周恩来首相ら要人らと交流、水面下でパイプ役を努めた。日中の途切れそうな細い水脈を粘り強く保ち、「友好の井戸を掘った」政治家である。

田中の訪中、平和条約調印は、前年のニクソン米大統領の電撃的な訪中に先を越された。対米一辺倒の日本は、米国の戦略が読めなかったのだ。当時、佐藤栄作首相時代だった。岸内閣、佐藤内閣など戦後自民党政治の主流派が、日米同盟政治に傾倒するなか、松村は「アカ」政治家と揶揄された。それでも水脈を必死で修復し、中国での貿易連絡事務所の開設や文化交流に努めた。新聞、ジャーナリズム界の方々なら承知だろうが、訪中のたびに松村は、日本の新聞記者らを同行させ、世論を喚起し、国交回復へ導こうとした。日本新聞協会の日中新聞記者交換事業は、波乱含みの対中外交の中をくぐり抜け、かたちを変え、継続された。

松村精神と松村信者

松村精神——。地元富山県福光町はもちろんのこと、富山県民、政治史の中で残る言葉である。松村精神は松村政治の代名詞、清廉潔白、清潔な政治、清貧を旨とする政治姿勢のことである。清廉潔白な政治家と言えば、戦前の尾崎行雄と並び称される。

「あの不便な鷺宮の陋屋《ろうおく》に平然と暮らしている。観光バスは銀座や浅草などばかり回らないで、政治教育と政治家の名誉のために、よろしく鷺宮へ回るべきである」。当時、こう語ったのは朋友の政治家、古井喜実である。総裁選を終えた夜、松村は陋屋を訪ねて来た記者たちに、「自民党の中にも純粋な議員がいることに安心したよ」と敗戦で落ち込むどころか、平然と語った。新聞記者たちが驚いたのは陋屋ばかりか、質素な食事だった。食卓の上のいわしの丸干しと味噌汁を見て、清貧ぶりに涙し帰ったと伝えられる。

松村宗――。松村を信奉する支持者たちの抱くこころである。単なる熱烈な支援・支持者ではない。選挙の時、松村の運動員たちは町や村の人々、松村のために尽くす民衆であった。二区（現在の富山第三選挙区）の人たちは、これらの人たちを「松村宗の信者」と言い、自らも「松村宗の信者」であることに誇りを持っていた。選挙ではみな手弁当で、どこからともなく、はせ参じる。見返りを求める人はだれ一人といなかった。もちろん、選挙違反などあろうはずがない。「松村先生の清潔な生き方を傷つけてはいけない」と地域の人々は誓っていた。

例えば、松村は国会議員になって以来、地元、東京にも事務所を設けず、議員会館が唯一の事務所だった。選挙になれば、選挙区内にある印刷所の事務所が本部になる。福光、城端、福野、高岡……へと、選挙戦が終盤に向かうなか、事務所が移動する。つまり、だれもが「私は松村宗の松村信者です」と会社の事務所を提供したという。「松村宗」については、富山市在住の作家、遠藤和子さんが取材、執筆した『松村謙三』（KNB興産出版部）に詳しい。

松村信者、松村宗が生まれ、松村精神が地域に醸成されたのは松村の政治姿勢、信条、生き方に依るところが大きい。そして、そのことをよしとする精神を育んだのは政治風土なのかもしれない。

松村は一九六九（昭和四四）年九月二三日、福光町の中央公民館で引退表明をした。八六歳だった。長男の正直が集まった選挙区の人たちの前で代読した。最後に語り掛けたその言葉こそ、松村精神と松村宗は一体であることを証明している。

「今回、私は次期総選挙に出馬することを見合わせることを決意いたしました。思いますに、私が政界に身を投じて以来、四〇数年と相なりました。この間、選挙区の皆様には、いつも変わらぬ手厚いご支援ご同情を賜りまして、私の今日あるは、ひとえに皆様のご懇情によるものとして深く感謝いたしております。この選挙区を持つことにより、私は他事にわずらわされることなく、専心、政治に没頭し、一筋に信念を貫いてやって参ることができました」

すすり泣く支持者の声が漏れた。「つきましては、私には生涯かけた悲願がございます。日中両国関係改善でございます。……」と代読が続いた、という。松村は政界を引退し、国会議員のバッジをはずした。だが、その後も残りの人生を専心、日中平和の懸け橋にならんと決意したのである。引退後に院政や裏で力を誇示する政治家とは違い、天下国家のために働き続ける、真っすぐな道を進んだ。

松村は亡くなる前年の七〇年三月、八七歳の高齢を押して中国を訪問、これが最後となった。翌年亡くなる一カ月前、ニクソン米大統領が電撃的に訪中した。入院中の松村は「佐藤（首相）もすぐに中国へ行けばいいんだ」とつぶやいたという。亡くなった翌年の七二年、田中首相の手で悲願の日中平和条約が結ばれた。

政治家を育てるのは地域の人々

松村は専心、政治に没頭した。そして他事にわずらわされることもなく、東京で、中国で、日本の針路を考え、行動した。他事とは選挙で勝つことだけを念頭にした、日ごろの雑事だろうか。今日の国会議員のように金曜日の夜に選挙区へ戻り、後援会の会合やイベント会場、パーティー会場や諸々の祝賀会をはしごし、テープレコーダーを回すごとく、あいさつする。日曜日の夜、今日なら月曜日早朝の航空便や新幹線で東京に戻るスケジュールをこなすのだろう。

松村精神に共鳴し、「松村宗」を自認する人々は「地元のことは心配するな」「政治の仕事に没頭し、国のため思い切り、働いて下さい」と言い続けてきた。この事は裏返せば、松村は「私を育てて頂いたのはりっぱな皆様のお陰です」と感謝の念を表したのであり、「政治家を育てるのは、りっぱな地域の人々」と言い当ててもいいかもしれない。地域の支持者らは地元のために働く政治家に留まらず、国民の「代表」として送り出した、と自覚していたのである。

今の国会議員や地方議員（県会議員、市区町村議員）は、松村の引退の語りを、どう受け止めるだろうか。

北日本新聞社（本社・富山市）で、私は政治担当記者時代に県議選前に全立候補予定者にたびたび、時の県政課題のほか、「あなたが尊敬する人物はだれですか」をアンケート調査の項目に入れた。十数年前までは「松村謙三」と記す候補者が結構いた。地元富山県の政治家であり、松村精神が語り継がれていた証左である。今日、同じようなアンケートをしたら、松村の名を挙げる人が果たしてどれだけいるだろうか。清廉潔白、国民・地域の人々の声を聞き、当たり前の政治を、共に歩む姿勢を政治信条に掲げた松村。松村に倣い、行動する地方議員と支持者は、もはや皆無に等しいのではないか。同時に、そのことを望む支持者が耕し続けた政治風土。悲しいかな、とっくに風化したのかもしれない。

その風化を証明する事件が二〇一六年七月、富山県内の議会で起きた。自民党で県議会副議長職にあった、県議選高岡市選挙区（松村と同じ衆議院富山第三選挙区内）の矢後肇《はじめ》県議（辞職）が書店の領収書と判子を偽造し、実際には買っていない高額な書籍代を何冊分も、政務活動費として県議会に架空請求、約四六〇万円も不正使用していたことが、北日本新聞のスクープで明らかになった。一連の不正事件、議員辞職の始まりであった。

事態はこの一件で収まらなかった。地元メディアはこぞって追及の手を緩めず、調査報道を積み重ね、富山市議や高岡市議、県議ら合計一八人が次々と倒れた。〝ドミノ現象〟である。市民の血税を血税とも思わず、月々の政務活動費を「もったいない」と使い切った。架空の請求書を作成し、私費として着服、政務活動とは程遠い使い方をしていたのだ。

飲食やゴルフ代、架空の報告書の印刷代や会議費、出張費。さらには政務活動報告会の名の下、実際は後援会活動の飲食費に税金を充当……。挙げれば切りがない。ことに富山市議会で悪行が蔓延していた。

「いい人　いい味　いきいき富山」――三十数年前、富山県が始めた観光キャンペーンのキャッチフレーズ。「いい人」は人情厚く、やさしい県民性を表す。おいしい海と野山の幸、元気なふるさと。だが、全国に広がり相次ぐ不正事件で議員が次々と辞めた。多くの県民が悔やんだ。

なぜ、こうした事態を招いたのか。事件の検証や議会、地方議員の在り方について後述するが、松村謙三の「松村精神」「松村信者」「松村宗」について取り上げたのも、現実のバッジを着けた人間と比較し、あまりにも落差が大きいからである。下種の地方議員と高邁な識見を有す松村を対比すること自体、憚られる。だが、国民の負託、住民の負託を受けた議員バッジの重みを考えると、事の軽重は問われないはずだ。

不正防止策について市会議員たちは議会内の組織で検討し、徐々にではあるが、実行に移している。だが、私には改革はやむを得ず、これくらいのことを示さないと、住民や世論、マスコミは許さないだろう、という後ろ向きの姿が垣間見える。スピードと思い切りのなさを感じるのだ。

そこには「松村精神」「松村宗」とは真逆の構図が見えてくる。住民と共に歩む政治を標榜する地方議員への期待。一方で、不正が横行した議会と住民の間には、相互の信頼と監視という不可欠な関係は存在しない。事の重大性が理解できないのか。不正防止の指針づくりも住民を度外視し、意見聴取や対話もなく、自分たちの理屈と土俵で議論している。これで新しい政治の風を吹かすことが可能なのか。後々の課題にしたい。

2　政治家と政治屋

「政治家は次の時代のことを考える」

松村謙三の晩年、秘書を務めた上埜健太郎氏（東京）は「『俺は無職だからな』と念を押された」と北日本新聞のインタビューに応えている。「議員は職業ではなく、国家に滅私奉公する役割との思いが常にあったのでしょう。物事の先を読み、国や地方のためにどういう手を打つべきかよく考えていました」。自分の職業を生涯、「無職」と記した。議員は生活のための給料取りではない。国民のための奉仕者であった。

例えば、事務所に陳情などたびたび来客がある。利益誘導に絡む話だと、「俺は商売の斡旋人じゃない」ときっぱり言った。そういう人から菓子折りは絶対受け取らなかった。お金が入っている可能性があったためだ。政界で菓子折りは「札束」の時代があった。選挙違反は絶対禁物。選挙には強く、必要最低限のお金で十分だった。松村自身、「松村信者」を信頼していたのだ。

松村は「今、日本にとって何が必要か」「次の時代は何をすべきか」と、常に考えていた政治家だった。「選挙のことは心配するな、地元に毎週、帰らなくてもよい。国政の場で思い切り働いてくれ」――「松村宗」の地元選挙区の支持者（信者）らはそう願っていたし、そんな松村が誇りであった。

そうは言っても、松村は地元の事を無視していたわけではない。町会議員や県会議員を務めており、地元の事情には詳しい。ふるさとの砺波平野を流れる小矢部川流域で何が必要なのか、住民らの苦しみを痛いほど理解していた。それは特定の業者や地域への利益誘導ではなく、住民の苦しみを和らげるための政治だからである。

例えば、地元でのダム建設問題。松村が生まれ育った福光町など県の西南一帯は砺波地方。今では、日本の原風景、散居村で知られる富山県の穀倉地帯だ。この地域を潤すのは東の庄川と西の小矢部川。庄川の源流は岐阜県飛騨地方。小矢部川は石川県境に近い福光町の山奥、大門山《だいもんざん》（一五七二メートル）。だが、こちらの水量は庄川の半分にも満たない。元々、この地方は加賀藩の領地で荒地だったが、加賀藩主の命で開墾された。だが、開墾後は水量が少ないため、上流で取り入れると、下流まで回らない。水騒動が絶えず、加えて、流域の人々は干ばつと洪水との闘いに明け暮れていた。

松村は若いころ、この難題を解決するには小矢部川上流でのダム建設しかないと考え、以来、地元民の結束、ダム湖に沈む村人たちの説得と暮らしの補償などに心血を注いだ。石川県境の山合、念願の刀利《とうり》ダムの完成式を挙げたのは松村が八四歳。ほぼ半世紀を要した仕事だった。同じ地域の政治家として農民に寄り添い、働いたのだ。日中交渉と同様、その粘り強さは越中人の血を引く、代表格でなかろうか。

政治家・松村にとって、ダム建設は「次の時代のことを考えた」大きな仕事だった。完成式は一九六七（昭和四二）年五月二二日。そのころ、時代の大きなテーマ、日中問題が暗礁に乗り上げ、松村は国政を案じていた。

「政治屋は自分のフトコロのことを考える」

地方議員も「次の時代のことを考える」

のが使命だろう。バッジを着けている地方議員の仕事の現場は、選挙区そのものだ。選挙区には議員と住民、有権者が共に毎日暮らしている。解決すべき問題やテーマは日々の暮らしの現場にある。地域のうれしいことや苦しいこと、悲しいことを住民と共有できる立場だ。

ことに議員は人一倍、住民に寄り添い、耳を傾け、現場を回る。住民との交流を通し、埋もれていた地域の問題や課題をキャッチし、解決へ導くのが仕事である。これぞ地方議員の真骨頂だ。国会議員とは守備範囲は異なるが、選挙区で見つけ出した課題が日本の各地での悩みという共通テーマにつながるかもしれない。こういう時こそ、国会議員と連携し、国政に働き掛けたい。

住民、有権者は地べたを這う地方議員の姿を日々、見ていれば、政治家として信任し、次の選挙にも信任投票するだろう。有権者は「信者」になり得るのである。また、そういう議員をさらに政治家として大きく育てたい。そうすれば「○○宗」に発展するだろう。

だが、現実はどうだろうか。地元回りと言えば、金曜日に地元に戻り、月曜日に上京する国会議員のミニ版に甘んじていないだろうか。諸々の会合やイベントに顔を出し、地区民にあいさつ。新年会や各種団体の総会シーズンには駆けずり回る。

住民が議員と顔を合わせ、市政報告（県、町村報告会）を聞くチャンスはせいぜい任期中一回だろうか。それも選挙直前か一年前か。選挙が近づくと、世話役が「〇〇議員の市政報告会があります。お忙しいでしょうが、公民館へ顔を出して下さい」と触れ回る。しばらくしてまた、別の議員の報告会が開催される。年に一度の報告というよりも、お願いである。選挙戦でのお願いコール以来だ。この間、意見交換会とは程遠い、顔出しにお目にかかるだけである。

こんな議員はバッジに恥じない政治家、地方議員と言えるだろうか。

戦後、活躍した名だたるコラムニスト、劇作家の高田保氏（故人）は「政治家は次の時代のことを考え、政治屋は次の選挙のことしか考えない」という名言を残している。現代にも生きる至言である。涼しい顔で四年に一回、地区報告会の名の下の後援会を開く地方議員は、政治屋の最たる者である。

後年、朝日新聞の名コラムニスト、深代惇郎氏（故人、一九七五年没）は高田のコラムを引用し、当時の政界について「政治家は国民のフトコロのことを考え、政治屋は自分のフトコロのことしか考えない、といったら、我々は政治家に恵まれた国民であるかどうか……」と揶揄した。血税をフトコロに入れる県議や市会議員を抱えた住民は一体、どう表現したらいいのだろう。

しかし、地方議員だけを責める訳にいかない。地元有権者、ことに支持者は議員に対し、日々の頼み事の相手ぐらいにしか思っていない。地元の道路や用水路の整備、就職や媒酌人、公共事業の請負、イベントの出席。こうした雑事や地域誘導だけでの評価は、地方議員の仕事を歪め、狭めてしまう。もちろん、地方議員は国会議員と違い、日常の暮らしの中で住民と密接に付き合っている。行政や政治への要望を日常的にキャッチできる。陳情を全面否定するつもりはない。地方議員は、実に有り難いポジションなのだ。

見えない地方議員

富山市議会議員たちは年度末になると、俄然、忙しくなる。政務活動費の使途を証明する物品購入の領収書、市民に説明する政務活動報告書に関わる印刷経費の領収書、これらをまとめた一年間の収支報告書の作成が待っているからだ。その都度の政務活動内容、資料を保存してあれば特段、難しい作業ではないのだが、架空の領収書や報告書の作成となると、悪知恵が働き、ややこしくなる。各議員の悪知恵の入った資料はとりあえず、自民党会派の女性事務員に届けられ、担当者も確認に忙殺された。

同じころ、自民党市議会派のボスが「政務活動費の使い残しはするなよ」と、会派の控室内だけでなく、共産党議員の部屋まで出向き触れ回ったという。富山市議会は一〇〇パーセント使い切った。富山市は全国の地方議会で突出していた。誤解してはいけないのは、純粋な政務活動に一〇〇パーセント注ぎ、一〇〇パーセント使い切ることはむしろ、良いことだ。一部を除き、多くの議員は架空の活動を含め、税金を流用、見かけ上、使い切ったのである。

富山市議会議員の政務活動費は一人、月額一五万円。三カ月単位で四五万円。まず会派でまとめて口座に振り込まれる。年間一人一八〇万円、この四〇人分（現行三八）の大金である。これに、会派ごとに上乗せ分があったという。年度末まで特段、〝政務活動〟の名に値する仕事をしなければ、処理に困る。〝ボス〟のお触れ「使い残しをするなよ」は「名目はともかく、報告書の記載上では使い切れ」と言わんばかりだった。

市民の税金、余れば返金すれば済む話である。それを政務活動費に使ったように見せかける。政治家とは程遠い醜い姿だ。

政務活動費不正事件で県民の耳目を集めていたころ、北日本新聞は県民世論調査を実施、県議会や市町村議会の現状に満足しているかどうか尋ねた。「大いに満足している」が〇・二パーセント、「ある程度満足している」一九・九パーセント。これに対し、「あまり満足していない」四五・一パーセント、「全く満足していない」が一一・五パーセントに上った。「満足していない」理由（複数回答可）は、「議会の活動が住民に伝わらないから」が五二・一パーセントと最も多く、「議員のモラルが低いから」「審議が不透明だから」「行政のチェック機能を果たしていないから」「議会の政策立案能力が低いから」と続いた。

日ごろ、議員に接することがないのが普通の住民ではないか。地域の各種団体の代表や行政関係者なら、地域の会合や議会で顔を合わすだろうが、一般住民、票を投じた住民でも当選議員と顔を合わせ、意見を交わすことはそうない。これが地方議員と住民の一般的な関係だろう。

確かに議場の傍聴のほか、ケーブルテレビでの議会中継やインターネット中継が普及したことも事実だが、傍聴もケーブルテレビ、ネット中継も見たことがない人が五七・五パーセントに上る。問題の富山市議会は実施を決めたが、まだケーブルテレビ中継は実施しておらず、県内九つの市議会で唯一だ。もちろん、議会中継する媒体の普及や議会広報の充実などは住民と議会をつなぐチャンスであり、ＰＲすることで関心と満足度を高めるには有効な手立てだ。

だが、最大の接し方は直接、議員が住民と顔を合わせ、会話するチャンスをつくることだろう。その手立ては議員と住民が向き合う普段の報告会の開催でなかろうか。議員の立場では、政務活動費に伴う報告会を定期的に開催することであり、住民側からすれば、報告会に参加することだろう。人口減少が加速し、地域が縮小するなか、地方議員の存在感がない。「議員の活動が住民に伝わらない」という不満を解消し、「見えない議員」、つまり「政治屋」から「見える議員」へ。支持者の信頼を得て、「政治家」に一歩でも近づくのである。

第1章　活動はバッジをはずして

地方議員は地域の会合に顔を出すことが多い。役職に就いているわけではないが、出席し、ひと言あいさつする。スーツの胸には議員バッジが光る。地域の住民運動会に議員が出席し、激励する。ここでもスーツ姿で駆けつけ、バッジが光る。スポーツウエアの方が格好いいと思うのだが。

政務活動費の不正を働いた地方議員は「ルールの認識の違い」「これくらいは許せるだろう」と、思ったという。認識の違いや、金額の大小ではなく、多分「議員なのだから、これくらいのことなら――」とフトコロに入れたのだろうか。それじゃ一般市民も「これくらいなら――」と、横領という脱法行為に走れるか。とても怖くてできない。

地方議員の意識を麻痺させる要因は、議員バッジに隠れている。権威や権力の象徴と勘違いしているのか。向き合う相手は住民だ。地方議員は支持を受けた、住民の「代理」だということを理解しているのだろうか。せめて、議場以外ではバッジをはずして地域を歩き、活動しよう。

1　誰のための仕事？

「自分がやらねば……」

富山市議会の政務活動費不正事件は二〇一六年八月下旬、発覚した。県議の最初の不正発覚からほぼ一カ月後だった。白紙の領収書を使った自民党会派会長、元議長の中川勇氏（六九）の架空請求が明るみに出たのが発端だった。わずか一カ月あまりで自民党議員一〇人（補欠選、本選挙後に二人辞職）、民進系会派・民政クラブの二人、〝ドミノ倒し〟のごとく、最終的に一四人が辞職、議員バッジをはずした。この稚拙な手口は先輩議員から伝授されたという。不正の総額は四〇〇〇万円に上る。全て税金である。過去を掘り下げればもっと拡大するだろうが、闇の中だ。政務活動費の不正を巡って、一地方議会内で議員一四人も辞職に追い込まれたケースは全国で初めてである。

公職選挙法の規定により欠員が定数（当時四〇）の六分の一を超えた時点で、補欠選挙が確定し、実施された。本来、四年間の任期が終わるのは翌年の一七年四月。補選から五カ月後にまた選挙が待ち受ける。もちろん、補選当選者も洗礼を受けなくてはならない。ただ、補欠選挙を回避するため、自民会派内はこの際、議会を自主解散し、全員出直し選挙を狙った。このままでは議会・議員への市民の不信を払拭できず、来春の選挙を戦えない、と動揺し出したのだ。事実、ある自民党市議は不正事件が進行する最中、市民の不信、批判が強まっているため、後援会で説明の機会を試みた。ところが、出席の意向を示した支持者はほとんどいなく、開催をあきらめた。選挙で〝みそぎ〟を図ろうとしたのだが、一部会派の反対に加え、「不正隠しだ」「不正解明が先決」という市民の声に遮られ、解散選挙を断念した経緯がある。不正と無縁な議員を巻き込むことになり、解散には大義はなく、当然のことだった。

補欠選挙は二〇一六年一〇月三〇日に告示、一一月六日投開票。二五人が出馬、この時点の辞職者一二人、欠員一人含め一三の議席を巡り、一週間の選挙戦に突入した。自民党、共産党、社民党、日本維新の会、諸派の政治団体・幸福実現党など政党や政治団体の推薦、支持を受けた候補者が一四人、無所属一一人。いずれも新人だ。地方選挙では、自民などの党籍はあっても「無所属」候補が多く、実態は「自民党」。それでも今回は政党と無縁な候補者が目立った。濃淡はあれ、一様に「議会の再生」「議会改革」を掲げた。事が事だけに改革を訴えずして、立候補する資格はなかったのである。

補欠選挙の立候補者の顔ぶれは、これまでと様変わりした。例えば、政党や地域から特別な推薦を受けていなくても、市内のママ友が集結した候補者がいた。政治活動歴のない元介護事務員、女性の目線で選挙戦を展開し、支持を集めた。金融機関の勤務経験をアピールした元サラリーマンは「市の財政を厳しくチェックする」と決意を語った。区域内の市議が辞職したため、合併前の元町議の経験を生かし、「自分が議会改革せねば――」と一〇年ぶりに再度、地方議員を目指した行政書士。中には多大な費用がかかる旧来型の選挙スタイルと決別し、不正議会への「抗議」としてほとんど選挙活動しない無所属候補者も現れた。どの候補も「自分がやらねば」と、政治の世界へ飛び込んだ。経歴、年代、職業も、かつてなくさまざまな新顔二五人が揃い、大激戦に突入した。

選挙は激戦だったが、投票率は二六・九四パーセントと極めて低調だった。四分の三近くが投票所に足を運ばなかった。市民は不正にまみれた議会・議員に嫌気がさしたのか。地域に馴染みのある候補者がいなかったためか。県庁所在地で、静岡市に次いで全国二番目に面積が広いという富山市。全市を隈なく走り、市民に訴えるにはあまりにも広く、時間が足りない。有権者側からすれば、一週間で二五人を評価し、選択するのは至難の業だろう。

富山市議一四人を議員辞職に追い込んだのは、確かに新聞、テレビなど地元メディア、ジャーナリズムの力が大きかった。不正を見抜き、まず報道したのは地元のチューリップテレビ、北日本新聞だった。報道に呼応し、「徹底解明を」と声を挙げたのは市民だった。メディアと市民がかみ合い、世論を喚起し、民意と共に歩んだ報道が続き、異例の補欠選挙へと進行したように見えた。

日本の従来型の選挙ならば三《さん》バン、つまりジバン（地盤＝支援組織）、カンバン（看板＝知名度）、カバン（鞄＝資金）が必要だ。新人で市会議員を目指す場合、世襲するか、前職の後継者になるか、あるいは早くから準備しないと厳しい。ポスター作りの見積もりとデザイン、選挙カーの手配、運動員の確保、選挙事務所、演説会の設定、公約、街宣のルート、何よりも選挙資金……。お陰でギリギリの選挙資金、選挙運動も手探りのまま走り出した立候補者が多かった。

「普通の人」に期待

今度の補欠選挙に出馬した新人の多くは、元々政治のプロを目指した人ではない。市民感覚を持った普通の人だ。富山市議会の異常さに居ても立ってもいられなくなり、清水の舞台から飛び下りる覚悟をした市民だった。

〝辞職ドミノ〟が起き、議会解散や補欠選挙がささやかれ、あちこちの地域や職場、友人が集まれば、お互い顔を見合わせ、「選挙に出たらどうだ。応援するゾ」などと真剣な会話が飛び交っていた。そんな風に盛り上がった選挙談議は、私もあちこちで目撃した。

だが、現実は候補者の半分が落選の憂き目に遭う宿命だ。そう簡単には出馬できない。激戦は激戦でも、名ばかりの従来の少数激戦ではなく、候補者が定員を大幅に超える大激戦。歴史にない厳しい選挙だった。しかも、五カ月後には、四年間任期切れの本選が待っている。補欠選挙で勝っても、本選を勝ち抜かねばならない。わずか数カ月の間保障付きバッジを着けても、その後はずす議員が出る可能性がある。補選に出馬した「普通の人」は、使命感に溢れる候補者たちといえよう。

投開票の翌日、初当選した一三人への当選証書付与式が富山市役所であった。当選証書を受け取った新議員たちは、緊張した面持ちだっただろう。選挙管理委員長のお祝いの言葉がどう響いただろうか。「政務活動費の不正は、議員に『これくらいなら許される』とのおごりがあったため起きた。市民のために働くという謙虚な気持ちを忘れないでほしい」

お金（税金）に対する謙虚さ、議員の仕事に対する謙虚さ、つまり誰のために仕事をするのか。辞職した議員らは、根本的にはき違えていたのか。初心は市民のため、地域のため、市民と歩む市政づくりを旨にバッジを着けたはずが、議員歴を重ね、徐々に重要ポストに就くたびに権力におぼれ、謙虚さが失せ、バッジが色あせてしまったのだ。

議員はなぜ、バッジを着けるのだろう。憲法や地方自治法など法律で定めていない。各地方自治体に任せてある。バッジは大勢の住民、有権者に代わって、議員という職責を託された条件付きの「委任状（章）」である。議員は白紙の「委任状」であると勘違いし、どこかでバッジの意味を吐き違えたのである。

2　住民の「代表」ですか

麻痺させる役所　襟元にバッジを着けた衆参両議院の国会議員、都道府県議や区議、市町村議員ら地方議員は「先生」と呼ばれることが多い。当選後、初議会が近づくと、役所の職員らが会派の控室に出向き、「〇〇先生、今度の議会で一般質問に立たれるそうですが、質問項目はもうお決めになりましたか」と低姿勢で話し掛けてくる。新人議員は「先生ってだれ？」と一瞬、戸惑い、周りを見渡すが、ほかにだれもいない。「あー、俺のことか」と納得する。

ただ、富山市役所内では最近、職員は議員に対し、「先生」から「議員さん」と呼ぶようになったという。不正を犯した議員たちを「先生」と呼ぶことが、憚られるからだろうか。

庁舎内を歩くと、すれ違いに見知らぬ職員らも必ず、お辞儀をする。スーツの襟元の議員バッジが光っているためだ。顔見知りの職員なら立ち止まって、「〇〇先生、質問項目の件の資料ですが、後で控室にお届けします」とそつなく応対する。質問探しに窮していると、「先生の地元のことでは、こんな質問をされてはいかがでしょうか」と手を差し伸べる。バッジのない昨日までの一市民の立場と大違いだ。視線が一変する。

以来、「市会議員」は、自分が「先生」と呼ばれることを当然のように受け止めてしまう。議員同士でさえ、「〇〇先生」と呼び合うこともあり、年月を重ね、自分たちだけの空間に安住し、「先生仲間」に入る。その空間は特別の空間なのだが、そこでのやりとりや行動がいつの間にか、世間一般・市民の空間と同じだ、と勘違いする。言うなればマヒ状態に陥る。

その結果、政務活動費の不正ばかりか、議員報酬の大幅アップに対し、市民の反対に耳を傾ける感度はもはやなく、議会で自分たちの理屈が「正しいこと」と、強行可決してしまった。自民会派控室で女性記者が議員報酬増について個々の議員に取材している最中、不正を主導していた幹部議員がアンケート用紙やメモ帳を奪い、押し倒した。異なる考えを有する人たちを排除する。言論を暴力で阻止しようとしたのだ。これが議員バッジの成れの果てか、と思うと悲しい限りである。

私自身現役記者時代、ほぼ一〇年役所回りを担当した。すると、役所の職員から一目置かれる。さすがに「先生」呼ばわりはされなかったが、役所の職員が怖いのは議員と新聞記者（マスコミ）だという。

職員たちは議会の政策論議で自身の担当分野について、議員から厳しく追及や批判をされるのを極端に嫌う。活発な議論と捉えれば、結構なことなのだが、波風を立てることはケチを付けられた、と受け止める。だから、「先生」「先生」と質問内容を聞きに回るのだ。新聞記者が嫌われるのは、嫌なことをすっぱ抜かれると、役所の上司はもとより、議員からも叩かれる。記者の場合は少々、嫌われて本望と思えばいい。

現代の日本社会で「先生」と呼ばれる職業と言えば、小中高校など学校の教師や大学教授、医者、弁護士ぐらいしか思い浮かばない。子どもの学習や人間教育に携わる学校の先生は当然、「先生」だ。医者は人のいのちと健康を預かる。弁護士は人権を守る。この三つの職業人は「先生」と呼ぶことに、だれも異論はないだろう。

では、国会議員や地方議員、政治家はいつから、なぜ「先生」と呼ばれるようになったのか。

江戸時代は医者に加え、学者や私塾で青年たちに儒学や医学などを教えていた人たちは、「先生」と呼ばれた。武士の世界はどうかと言えば、将軍に仕える老中や家老は実際に政治を司る〝政治家〟だ。だが、部下やお互い、「先生」呼ばわりはしなかったようだ。

太政官は江戸時代まで朝廷では最高の官庁。明治に入って、ここに勤務する職業人たちが現れるが、「先生」ではなかった。当時の政治家は、大学など学校に通いながら、政治の実学を学ぶ書生を抱え、寄宿させていた。書生は政治家の身の回りの世話や警備などしていた。書生たちは政治家を師と仰ぎ、「先生、先生」と呼び始めた。以来、一般の人も政治家を「先生」と呼び始めたのが由来らしいが、定説は知らない。ただし、当時の政治家は国の政治を司る議員を指し、国会内や議員同士、支援者らは「先生」と当たり前のように呼んでいたようだ。

新聞界、ジャーナリズムの世界に身を置いた者は国会議員に対し、ふつう「先生」とは呼ばない。多くは「さん」か、役職名である。記者は国会議員の書生でもなければ、支援・支持者、官庁務めの職員でもない。本音を聞き出し、真実を探る記者、ジャーナリストならば、当たり前のことだと思うのだが……。

代表と代理

地方議員は議員バッジを着けた段階で、有権者・住民（市民）の「代表」としてか、住民・有権者の「代理」として仕事をするのか――。

政務活動費の不正や議員報酬大幅アップを巡る富山市議会の一連の問題で、横暴な議員たちを見るにつけ、「地方議員は有権者・住民の代表なのか、代理なのか」と疑問を抱かざるを得なかった。

一般的に「代理」となれば、地方議員と有権者・住民の関係は、選挙で支持してもらった政策や政治への取り組みについて、分かり合っているはずだ。仮に政策の変更や問題点が生じれば、齟齬をきたさないよう、「こういう方向で進めますよ」と再度、地域の住民と相談するか、報告会などで説明する必要になる。「代理」はあくまで「代理」であって、全権委任ではない。片や「代表」なら、有権者・住民から全権委任された「代表」であり、議会での行動に対し、「白紙委任」「全て任せます」という考え方である。

例えば、老朽化した富山市の庁舎を現在地から移転し、新たな場所に建設するのか、現在地で改築、建設するのか――。市政の大きな課題に対し、立候補者が選挙戦で自身の地域や後援会の事情から「現在地が望ましい」と公約の一つに掲げ、市会議員に当選したとしよう。その後、議会での論戦の中で、市当局が将来のまちづくりビジョンを策定し、「新庁舎は新ビジョンに即して、現在地から数キロ離れた別の校区が適当。現在地は断念」とした。現在地での改築を支持したその議員は、当局の案を支持する意思を表明した。選挙中や日ごろ、市民との交流で訴えてきたことを変更したわけだ。

これは市会議員としての発言、行動として妥当だろうか。「態度の変更はおかしい。選挙の時と話が違うではないか」「なぜ、地元の市民に相談せずに勝手に考えを変更したのか。もっと説明がほしかった」などと声があがるだろう。市民の非難や注文に対し、市会議員はどう答えるべきだろうか。

市会議員は「市民の『代表』なので、私なりに色々状況の変化に対応し、判断した」と答え、支持した市民らは「あなたは、現在地での改築を求める私たち市民の考えに理解を示し、自らもそう訴えた」「大勢がどうあれ、あなたは私たちの『代理』なのだから、一度でも説明会を開いてほしかった」と注文するかもしれない。

議会全体の議決は議会が責任を負うけれど、判断は議員一人ひとりに委ねられている。

議員は市民・有権者の「代理」なのか、「代表」なのか。行動に大きな影響を及ぼす。

国会議員と地方議員

国会議員と地方議員の違いを述べよ、と問われれば、「国会議員は国会の場で国政について討論、権力を行使する人たち」「地方議員は都道府県や市区町村で当該自治体のことを地方議会で討論、権力を行使する人たち」――こう答える人が普通だろうか。だが、日本国憲法を読むと、疑問が解け、その違いが読みとれる。

憲法前文にこう記してある。「日本国民は、正当に選挙された国会における代表者を通じて行動し、われらとわれらの子孫のために、諸国民との協和による成果と、わが国全土にわたつて自由のもたらす恵沢を確保し、政府の行為によつて再び戦争の惨禍が起ることのないやうにすることを決意し、ここに主権が国民に存することを宣言し、この憲法を確定する。そもそも国政は、国民の厳粛な信託によるものであつて、その権威は国民に由来し、その権力は国民の代表者がこれを行使し、その福利は国民がこれを享受する……」

憲法の柱である、国民主権と平和への決意を明確にうたい、その権力は国民の代表者がこれを行使する、とある。代表者とは国会議員とある。冒頭、「国民は、正当に選挙された国会における代表者を通じて行動し……」と規定する。国政において権威は国民にあるが、権力は代表者である国会議員にある。もちろん、権力者は権力者の利益のためではなく、国民のため、国民の福利のために権力の行使が付与されている。

明らかなのは、国会議員はまさしく国民の「代表者」であり、国民が直接、権力を行使するのではなく、国会議員に任されているのだ。その上で憲法四一条には「国会は国権の最高機関であって、国の唯一の立法機関」と規定し、「衆参両院は全国民を代表する選挙された議員でこれを組織する」（四二、四三条）とある。

一方、地方議員について憲法は「代表」とも「代理」とも明記しない。ただ、第八章地方自治の九三条二項にはこうある。「地方公共団体の長、その議会の議員及び法律の定めるその他の吏員は、その地方公共団体の住民が、直接これを選挙する」。「住民が直接選挙する」以外の規定はなく、もう一つ言えることは、首長と議員は並列で記されていることだ。当然、議員も首長についても、地方自治体の「代表」とも「代理」とも明記していない。もちろん、直接、選挙で選ばれた国会議員に権力の行使を委ねられたように、首長はもとより、地方議員に権力行使について一言も触れていない。

さらに地方自治法を読むと、住民側には議員や首長に対し、リコール（解職）制度がある。有権者の三分の一で請求をして住民投票を行い、任期途中で首長や議員の首を切ることができる。また、同じ手続きで議会を解散できることが規定されている。富山市議会は政務活動費不正事件で、このままでは有権者・市民の信頼を得られない、と自主解散を目論んだが、市民や一部会派の反対に遭い、断念した経緯がある。解散は首長と議会側の特権ではなく、住民側も有している。一定割合の有権者の要望で解散できる。

首長や議会側の条例の提案権は、住民側にもある。本来、条例の制定や改廃は首長や議員の仕事である。あえて住民に保障するのは、地方政治や行政に一人ひとりの意思を尊重し、反映させるためである。住民は有権者の五〇分の一以上の連署があれば、自ら条例案を作成し、直接請求できる。たとえ、首長がその条例案に反対であっても必ず議会に提案しなければならない。

近ごろ、富山県内で直接請求は皆無だ。イタイイタイ病など公害問題で日本中が揺れていたころ、富山県議会で一九七〇（昭和四五）年八月、企業への住民の立ち入り調査を必要であるとし、県公害防止条例の改正を求め、初の直接請求による臨時議会が招集された。改正条例案は否決されたが、県政に一石を投じ、公害行政の改革が進んだ。だが、以来、県政で直接請求という言葉は聞かない。

国政の場では、国民が国民の代表である国会議員に代わって法案を提出する権利はない。

法案の提出は一切、国会議員や政府に任されている。仮に「国会議員たちのやり方に問題が多い」「あの議員は駄目だ」と思っても、リコール制度はなく、国民は来たる選挙で一票に託すしかない。その点、地方自治体の住民は、常に議会や議員の行動を監視、点検することが求められる。

結論は、地方議員は有権者・市民、住民全体の「代表」ではなく、「代理者」との見方が妥当である。首長や地方議員は、住民から選挙で「白紙委任」されたのではない。民意からかけ離れていれば、住民は任期途中でも辞めさせることができるのだ。そうでなくても、日常的に住民には議員に異議を唱え、説明を求める〝権利〟があり、議員には住民に説明する〝義務〟が備わっていることを思い起こしたい。

性悪説の目

議員バッジを着けた人たちだから、「悪いことはしない」と議会事務局や会派内の事務員らは政務活動費の点検を怠った。議員の性善説に立っていた。だが、これまでみた憲法や地方自治法を見る限り、議員に対し、住民の意思を反映させるためだけでなく、「悪いこともする」という性悪説がにじんでいるように見える。逆にバッジを着けている限り、地方議員は有権者の監視を仰ぐことを意味する。

二〇一六年一一月、北日本新聞社主催で開かれたシンポジウム「民意と歩む　議会は変われるか」で出席したパネラーが性悪説に同調する発言をしている。河村和徳東北大学大学院准教授は政務活動費の不正防止策などについて「市民不在で決めていくのは信頼できない」と断言し、〝号泣会見〟で話題になった野々村竜太郎元兵庫県議の不正発覚後、議会改革に当たってきたという丸尾牧兵庫県議は「市民と一緒に決めることが必要だ。パブリックコメントの募集や意見交換会を開くなどして、議員だけで決めてはいけない」と明言する。

何も政務活動費や議員報酬だけではない、と考える。地方議員は有権者・住民の「代理」として、議会に送り込まれた身である。議員バッジは威光なのではなく、送り出された条件付きの「委任状」だ。議員も証明書付きの特別な住民だ。住民の期待に添い、ちゃんと仕事をしているのか、見えない所で悪いことをしていないか。議会開会中はもちろん、住民に普段から見られていることを自覚したい。

バッジに注目して議員の有り様を述べたが、議員はなぜバッジを着けるのか。国会議員と地方議員でどう違うのか。実際、その事情はあいまいだ。

まず国会議員のバッジは、国会議事堂の本会議場はもちろん、例えば、新幹線など公的施設への通行証となっている。これは裁判官、検察官、弁護士同様、国会議員は記章・バッジのみが「身分証明書」のためである。○○議員と分かっていても、議員バッジなくして国会内へ入れない。「俺だ、俺だ」と叫んでも、本来は入れない規定がある。かつて、福田赳夫首相（故人）がバッジを着け忘れて、衆議院の議場に入ろうとしたところ、衛視に制止された。慌てて辺りにいた森喜朗官房副長官（当時）からバッジを借りて、入場したという逸話が残る。国民の「代表」である国会議員には、議員バッジを着けることが義務付けられている。

一方、地方議員については、一部議会で条例による議員章規定を設け、「在職中、常に着用する」と明記しているという。だが、多くの議会は特別に法律や規則を設けていない。バッジなしでも議場に入れる。国会議員と違い、地方議員はバッジを見せても、公的施設に自由に出入りできない。「議員証明書」ではない。バッジはさしずめ、権力の象徴ではなく、名札替わりに過ぎないのだ。

とは言っても、地方議員は議会開会中だけでなく、公務中はバッジをしっかり着け、プライベートな時間以外、着用している。バッジのデザインは基本的に自由。全国の自治体議会には都議会、政令都市の市議会、政令都市以外の市議会があるが、多少デザインが異なるものの、ほぼ似通っているという。ただ、金色は共通だが、純金製からメッキまでさまざま。引退時にバッジをはずすが、ＯＢと分かるように宝石などを埋め込んだバッジを贈る議会が多いようだ。

しかし、バッジの色には権威や威光が光る。バッジをはずせば、「ただの人」と言われる。元々、地方議員は有権者・住民から議会活動の証明として与えられた「代理人」だ。はずせば、立場の代わった一般の住民に戻ったのである。議員は住民との会話や合意づくりを経て、議会に臨め、と述べたが、バッジを着けずに会合の出席や地域活動することに何ら問題はない。従って、あえて権威主義が嫌で役所や議会へ行く以外、ノーバッジで地域内を歩き、活動する議員が居てもおかしくないだろう。

住民目線で住民と共に歩む、地方議員に在らんとすれば、あえて「バッジをはずして、議員活動を」と言いたい。

第2章　同じ景色を眺めよう

富山市議会が議員報酬の大幅アップを図ろうとしたところ、報道を受け、日ごと市民の反対や批判の声が大きくなった。現行の月額報酬額は六〇万円。議員たちの言い分は「議員自身の生活保障や実質収入が少ない」「活動範囲が広まった」「若い議員の成り手の確保」等々。市民が驚くのは金額もさることながら、一度に一〇万円アップという大胆かつ、異常な行動である。市民が議会に押しかけても、「一部特定の市民」と意に介さなかった。同じ「市民感覚」で受け止めなかった。

多分、多くの議員に投票した有権者、支持者は圧倒的に保守層だ。こうした議員が議会の多数を占める。当然、文句を言っているのはごく一部、と見えるのだろう。

国政選挙を想い起こしてほしい。過去に消費増税や年金問題で一気に風向きが変わったことを。政権がひっくり返ったのだ。

議員報酬や政務活動費は市民の血税から出ている。この問題は生活と暮らしに直結した問題という見方ができる。増額のどんな理屈を並べ立てても、説得力は乏しい。議員は市民と全く異なる景色を見ていたのだ。

1　変質した議員報酬

井戸塀議員から特別公務員へ

日本国憲法が国家の柱ならば、同じ戦後に施行された地方自治法は自治体行政、地方議会の在り方を定めた地方自治の柱である。

戦前から戦後間もないころまで、国会議員だけでなく、県議や市町村議員の成り手は限られていた。代々続く家柄の素封家、つまり資産家が多かった。保守系議員は、ほぼ素封家で占められていた。戦後、政党や労働団体の代表を議員として送り込む以外、住民は素封家に任せていたのだ。議員は地域住民の代理ではなく、代表であった。議員は地域の名士であり、名誉職でもあった。議員報酬や政務活動費など無用であり、ボランティアの側面があった。

しかし、素封家といえども、現実には政治にカネがかかる。資産があれば、切り崩せばいいが、議員バッジの威光をちらつかせ、カネ儲けに走った議員は戦後、跡を絶たない。数々の昭和の疑獄事件が象徴する。地方議員とて同様だ。近年、公共事業の激減で珍しくなったが、業者の受注への配慮や情報提供などで利益を得る汚職事件は、戦後の経済成長と共に影をひそめることはなかった。

議員は、バッジを着けているうちに御殿が建てば、カネ儲けにいそしんだ証しであり、家の井戸と塀だけが残れば、井戸塀である。政治活動や選挙にカネがかかるため、資産を使い果たし、井戸と塀のみ残した井戸塀議員。人様のおカネを当てにせず、自分の財産の切り崩しで政治活動をした、クリーンな政治家のイメージがあるが、政治（家）にはカネがかかる、との例えである。

戦後、地方自治法で地方議員の身分を「非常勤の特別公務員」と定めている。毎日、役所に通う公務員に「特別」の文字がつく。議会開催中は当然だが、それ以外は議場や議会事務局、控室のある議事堂（棟）、役所内に足を運ぶ義務はない。議員同士の自発的な打ち合わせや役所での調査活動、住民との交流、あるいは旅行に行こうが、プライベートなゴルフをしようが、自由なのだ。

地方議員には、国会議員や他の自治体議員、公務員、公金支出の公益法人の職に就くことなどは認められていない。だが、会社経営や会社勤めなどは何ら問題ない。サラリーマンをしながら議員になることは可能だが、議会活動や調査活動、職場の理解などさまざまな壁がある。

選挙の際、選挙公報や新聞の立候補者一覧には、それぞれの職業が明記されている。収入のない人でも、団体名のメンバーとかその役職、飲み屋を営んでいれば飲食業、米作りなら農業。会社役員や社長、建設や運輸会社社長の人もいるだろう。議員はこうした職業で生活費を賄える人もいれば、生活できない人もいるかもしれない。だが、議員として得る収入は生活を支え、保障する「生活給」ではないのだ。

非常勤とはいえ、特別の公務員である地方議員は、働いた分、役所からおカネをもらう。「報酬」として月々支払われる。議会開会日数や自治体の財政規模、自治体の面積や人口規模など行政同様に議会の守備範囲を考慮し、首長が提案した条例で報酬額を定めている。今やかつての素封家、名誉職の姿はなく、地方政治のため働く「政治労働者」と言えるかもしれない。

サラリーマンとの〝二足のわらじ〟は稀で、実態は農業や建設会社など事業を営む関係議員が多い。地方議員を生業に働く人は少数派であるが、近年、増加傾向という。一方で、富山市議補欠選挙で勤めを辞し、あるいは地域のボランティアに励む候補者もいた。異常事態が政治の道へ、衝き動かしたのかもしれない。さまざまなスタイルの市民派議員の政治参画に対し、報酬はどうあるべきか。あるいは仕事や生活に支障を来さない議会システムがあるのか。これについては後述したい。

報酬の罠

誰が議員報酬を決めるのか。地方議員は報酬の意味を正しく理解しているのか。それとも変質してしまったのか。公務員や民間労働者、会社員の給料の決定の仕方と、どう違うのか。あらためて考えたい。

企業の経営者は普通、社員に毎月、給料を支払う。できるだけ多く支給したいと思うのが全うな経営者だが、経済変動や経営環境で業績が変わる。右肩上がりの成長の時代は終わり、頭を痛める現代の経営者である。経営側と労働組合との団体交渉で決定する会社は、デフレ時代の昨今、要求がすんなりと受け入れられる情勢ではない。会社や内外の経済環境で給料やボーナスが決まる。ボーナスを出せない状況ならば、労使共々、悔しい限りだ。

国家公務員の場合、民間の賃上げ情勢を受け、人事院が勧告する。地方公務員は国の情勢や財政規模などに応じて決まっていく。国や地方自治体は民間を無視して、都合の良いように決めることはできないのだ。

二〇一六年四月以降、富山市議会議員の報酬を巡る異常な事態が広く、市民に知れ渡ることになった。

議員報酬の増額が決まるまで、どのような動きがあったのか。報道によれば、同年二月、まず自民党会派が市議会議員定数問題懇談会で「議員定数の削減に合わせ、実現したい」と提案。定数四〇から二減の案を受けて、議会各派代表者会議で、具体的な増額案が示されたという。

自民のほか公明、民進党系の民政クラブも増額に賛成、上げ幅は一七～二二パーセント増、現行の六〇万円を七〇～七三万円にアップ。上げ幅は異常に高く、特別な算定方法に沿ったものではなく、自分たちのさじ加減で決める「お手盛り」だった。従って、なぜ議員の削減なのに報酬増なのか、私には理解できなかった。一般公務員の世界や民間企業では考えられない、何と身勝手な富山市議会なのだろうか、と。

議員定数については、地方分権一括法が論議されていた二〇〇〇年前夜、行政当局の行財政改革に合わせ、議会も自主的に論議し、削減が始まった。その後は「平成の大合併」で行政職員に加え、議会は議員数を大幅に減らしている。選挙区も従来の市町村単位だったが、大選挙区に改変すれば、大幅減にせざるを得なかった。富山市は旧来の富山市に加え、六つの町村が一つになり、大富山市が誕生した。

七つの旧市町村議会の定数合計は一二六、これを議員の話し合いの中で四〇に大幅削減した。六八・三パーセント減である。財政効率のための合併であり、議会側も痛みを受け入れた。もちろん、議員報酬は現行の旧富山市の六〇万円を据え置いた。旧市町村の議員らは地域代表の色彩が濃いが、大富山市になり、議員の政務調査活動の中身は、当然マクロなテーマが求められる。不断の勉強が必要になった。

合併から一〇年経過し、活動範囲の広さを理由に、議員らは「そろそろ、報酬をアップしてもいいだろう」との思いが脳裏をよぎったかもしれない。だが、政務活動費の不正が次々と発覚し、使途が酒代やゴルフ代に消えたと聞けば、議員報酬の大幅増額の意図がよこしまであったことは明白である。

では、今度の議員定数二減にどんな意味があったのだろう。当然、市民は行革の流れの延長線上の判断とみていただろう。議員報酬の引き下げや現状維持ならば、むしろ市民は議会の判断を評価したはずだ。

ところが、報酬増の説明を求められた、自民の中川勇会長や他の議員の理由に驚く。「(七〇~七三万円で)議員の成り手不足解消につながる金額。報酬に見合う活動を展開し、議員の職責を果たしたい」「議員は四年ごとに選挙があり、将来の保証がない。今の額では仕事を辞めてまで市議になろうという人は、なかなかいない」「税金や国民健康保険料などを引かれると、ボーナスを含めも手取り額は月四〇万円ほど。ここから政治活動の費用も出すので、生活は決して楽ではない」「市町村合併で活動範囲が広がった。政治を目指す若い人材を発掘するには、ある程度の生活の保障が必要。引き上げを理解してもらえるような活動をしたい」……。

「議員の成り手不足の解消」「生活苦」「活動範囲が広がった」。一般市民の感覚と違い、あいまいな理由で大幅な報酬増を図ろうとした。非常勤の特別公務員・地方議員には生活給ではなく、活動の対価として報酬が支払われている。これでは議員を削減し、浮いた二人分の年間報酬額をみんなで分けようとした、と勘繰られても仕方あるまい。報酬の中身が大きく変質してしまったのだ。

かき消された「市民の思い」

特別職報酬等審議会。特別な職に就く公務員の報酬を審議する首長の諮問機関である。都道府県や市町村など地方自治体の長が設置している。地方議員は非常勤の特別公務員、ほかに常勤の特別職と言えば、首長や教育長、自治体病院の病院長、公立大学の学長らが該当する。一般公務員とは違い、責任ある特別な立場にある公務員だ。

こうした人たちの報酬は一般公務員のように人事院勧告の流れと異なる。報酬の変更が必要な場合、首長は第三者機関である審議会を開くよう要請する。審議会は必要な資料を求め、多角的に審査し、適切な金額を提示し、首長に答申する。首長は基本的に答申案を尊重、適切と判断すれば、当該の議会に報酬に関する条例案を提出し、可決して初めて報酬額が決定する。首長には答申案を全て受け入れる義務はなく、独自の判断で条例案を示すことも可能だ。条例の提案権は首長にある。

確か、二〇一六年七月、東京都知事に当選した小池百合子知事は、舛添前知事のカネを巡る辞任を踏まえ、知事の報酬を大幅にカットする方針を明らかにした。議会が知事提出の減額条例案を否決すれば、小池氏の思惑は消え去る。だが、議会側は、都民の圧倒的な支持を得て当選した知事との対決を避けた。自民党も含め、全会一致で報酬減額の条例案に賛成、可決した。

小池知事の場合、「東京大改革」を掲げ、予算の無駄遣い撤廃を推進することが「パフォーマンスだ」と批判の声も聞こえたが、議会、自民党以上に都民の大きな支持を得ていた。民意に沿った減額案と言えた。

仮に、あまりにも知事の報酬額が低く、「頑張ってほしい」と期待する都民が圧倒的多数ならば、報酬増の条例案が可決するかもしれない。首長から委嘱された審議委員で構成する審議会が、どのような結論を出そうとも、改正条例案を提出するのは首長だ。首長の判断、議会の審査、さらに言えば、市民、民意が常識的な納得できる金額でないと、可決できないのが議員報酬でなかろうか。

第1章で地方議員は国会議員とは違い、憲法や地方自治法から考察し、有権者・住民の「代表」ではなく、「代理」（者）と呼ぶのにふさわしい、と述べた。住民の意向や支持があって初めて、代理者としての議員バッジの価値がある。特別職報酬等審議会に一切の権限があるものではない。現に二回開かれた富山市の審議会議事録の全文を読むと、一部委員は「一〇万円報酬増を市民がどう思うか」と再三、市民の存在を意識した発言をしている。〝納得感〟が得られる金額なのか――民意の動向を注視していた。地方議員は政治家ならば本来、住民を意識し、住民の意向を読み取る感覚が備わっているはずである。

北日本新聞は二回の審議会の内容を情報公開請求し、全文を紙面に掲載した。新聞ならではのインパクトのある紙面だった。大幅増額に懸念を抱く委員の声を拾うと――。

例えば、「社会保障費や所得税、市県民税の控除といったものは、市民は決められたルールで控除されるものなのに、これが大きいから厳しいという理由にならない。引き上げに賛成であるが、市民感情の点からは大幅な引き上げは納得できない」「(六〇~七〇万円)報酬引き上げの根拠を示さないと、市民に説明することができない。一万人あたりの議員数から導かれる四~五万円が妥当ではないか」「議員の仕事が増大し、困難なものになっていることは理解できる。議員が市民の代表として選ばれている以上は、市民の理解を得られる報酬でなければならない。なかなか活動の状況が市民には見えてこないため、もし七〇万円に引き上げるのであれば、その根拠をしっかり示す必要がある」

審議は非公開、二回で約三時間の審議。議論は「一〇万円引き上げ」四名、「五万円引き上げ」二名と平行線を続け、審議会長は審議を打ち切った。「審議会の議事は出席委員の過半数で決する」という規定に基づき、一〇万円増に決した。「市民がどう思うか」——市民感覚を大事にする一部委員の声が掻き消された瞬間だった。

七〇万円という額は金沢市、東大阪市と並び、全国の中核市四七市の中で最高額。金沢市は二〇一六年春、三万増額、これまで市民に改定について説明、了承を得ているという。富山市と同規模の人口で中核市の平均報酬額は六四万円。金沢市の動きを見て、一気に一〇万円アップを求めた富山市議会の行動は、異常としかいいようがない。

〝談合〟にも似た審議会

富山市議会は特別職報酬等審議会で審議される前に、現行六〇万円から七〇～七三万円の引き上げを市長に申し入れた。全会派・全議員の総意ではなく、自民、公明、民政クラブなど与党会派の意見を受けてのことだった。その辺り、議長は市長にどう説明したのか不明だが、金額を明示して要望したことは明らかである。「変更したい」「上げたい」「検討してほしい」と抽象的な要望ではないだろう。市長は当然、金額や増額理由などを聞き、審議会の開催を求めたとみられる。開催日程や資料作り、審議委員への説明の段階で、筋書きがほぼ出来たのも同然とみる。

審議会とはどんな性格なのか。地方自治体は、大きな課題や特別職の報酬など喫緊のテーマの方向性や解決策を見出すため、首長直轄の審議会や検討委員会、協議会等を設けることが多い。

行政のスピードと客観性を持たせるための第三者機関だ。国政においても、多用されている。首相直轄の経済財政諮問会議、最近では加計学園の獣医学部新設問題で注目された国家戦略特区諮問会議などだ。建前は広く、専門家や国民（住民）の意見を聞くための組織というものの、結論はほぼ決まっている。あくまで形式で構成メンバーは首長の了承がいる。一見、各界代表のバランスを取ってはいるが、大勢は首長や当局の意向を、〝忖《そん》度《たく》〟し、筋書きから大きく逸脱することはない。会長は委員に対して、自由に意見を求めるが、意見は意見だ。ガス抜きで終わることが多い。首長や行政側は住民の代表の意見、総意という〝お墨付き〟がほしいのである。

富山市特別職報酬等審議会はどうだろう。会長は市内の公認会計士が務め、出席委員六人のうち四人が一〇万円増。現状維持派はいなかったが、二人が五万円増で「市民がどう思うか」などと発言した。賛成委員の中には元市議や市の幹部を務めた人がメンバーに入っていた。議論は平行線をたどり、議長は折衷案を示し、議論をさらに求めることはしなかった。

審議会開会の冒頭、森市長は公共交通を軸にしたコンパクトシティ政策や環境モデル都市及び環境未来都市政策、近く開催のG7富山環境大臣会合、アメリカのロックフェラー財団の「一〇〇のレジリエント・シティ」の一つに選定されたことなど、脚光を浴びるまちづくり中心の実績を縷々述べた。その上で「富山市政の役割の増大に合わせて、大きな役割を担っている富山市議会議員の報酬につきましては……」と忌憚のない審議を求めた。

会長が引き上げ、据え置き，引き下げの三案からまず、方針を決めたい、語った。その直後、一人の委員がいきなり金額を挙げた。

「議員定数は現在四〇人で次期改選後（二〇一七年四月）は三八人。参考までに金沢市は定数二人減の三八人で報酬七〇万円。一〇万円引き上げたとしても、報酬のため健康保険料、市県民税等がかかり、期末手当を含めても月額四〇万円程度の手取り額となる。この中から家族の扶養に係る経費や固定資産税を支払って、退職金や年金なしという大変厳しい状況が想定される。富山市は国内外から脚光を浴び、富山市のさらなる発展のためにも、市民代表の合議機関である議会の果たす役割は大きくなっている」と説明し、「一〇万円を引き上げてはどうか」と提起した。

増額の理由は、自民会派など増額派の議員らの言い分と同じである。しかも、内外の脚光を浴びる富山市、市議への期待感を挙げた。民間の賃金やボーナス査定でさえ、考慮しない要件を持ち出す。仕事の内容、拘束時間、実際の費用、政務活動費でなお足りず、活動が広がっているのか。これでは何の根拠を示すこともなく、議員への「お手盛り」と映っても仕方なかろう。市長は答申を受け、反芻し再審議や市長自身の意思を込めた条例案ではなく、「尊重」の名のもと、審議会案に従った。

「民意とかけ離れている」「常識では考えられない」という市民の声、外では反対の声が一層、強まった。だが、残念ながら、市長はあくまで「趣旨を踏まえ、適切に対処する」

と機械的に受け入れた。条例は市長が提案する。市長自身の熟慮が求められたはずだが、結局のところ、市民の民意に耳を傾けることなく、議会会派内の大きな声に従った、といえる。

地方議員は住民の「代理」である、と言った。首長も同様、住民の直接選挙で選ばれ、かつ行政のリーダーとしてのガバナンスを備えている。だが、常に住民の監視下にあり、住民の声、民意を見誤ってはいけない。

市民には議会の多数派、市長、行政当局、審議会、一連の動きは身内意識を重視した、〝談合〟のように映っても仕方ない。議員のフトコロに入る報酬の原資は血税だ。シビアな問題なのだ。

2　市民感覚を大切に

民意がつかめない　住民に開かれている地方議会と行政。法外な議員報酬増と政務活動費の相次ぐ不正は、市民の見えないところで決まり、使われていた。しかも、報道機関が「民意を反映していない」「市民の声を聞け」とキャンペーンを張るも、議員たちは立ち止まることはなかった。議員報酬増問題で過熱していた矢先、ボス議員が記者の資料やメモ帳などを奪い、押し倒し取材活動を妨害する事件が市議会庁舎内で起きた。連日、報道する報道機関に矛先を向けたのだ。

議会はマスコミだけでなく、市民が怒る景色には盲目だった。例えば、北日本新聞は二〇一六年四月二一日付で、「富山市議会で最大会派の自民党をはじめ、大多数の会派が議員報酬の引き上げを求めている。議員の成り手不足の解消が理由という」「自民案では議員報酬を現行の六〇万円から一七〜二二パーセント増の七〇〜七三万円に引き上げることを決めた」と、報じた。見出しは「議員報酬アップに賛否　現行月額六〇万円の二割増」。その後、富山市特別職報酬等審議会でも、一〇万円増の七〇万円に引き上げることを答申した。

こうした報道を受け、富山市役所や北日本新聞に「市民感覚からずれている」「この額が妥当とは思えない」などメールや手紙、電話が多数、寄せられたという。昨今の暮らしや社会情勢を反映してか、「民間のパートでは時給を一〇円上げることも厳しい」「年金生活者にとって、一〇万円増は驚くほどの額。これは適当などとは理解できない」と怒りの声が紹介された。

さらに同紙は富山市民を対象にした世論調査を実施している。六月一五日に富山市議会で議員報酬引き上げの条例改正案が採決をされる前に、同月一二日付で内容を報じた。「生活が苦しい」「今の金額では活動できない」「成り手不足対策」など議員の声が引き上げの理由だ、として市民に賛否を問うた。「反対」が七九・五パーセント、「賛成」六パーセント、「分からない」一四・五パーセントで圧倒的市民が「反対」を表明した。

富山市議会の構成は、自民党公認市議が圧倒的だ。保守系が占める市議会。議員の支持者も、保守系の市民層と推測される。それなのに「反対」の大合唱は、なぜ起きるのか。県都富山市の市民層はサラリーマンや高齢者が多い。国政選挙でも、時の政治の「風向き」に敏感だ。二〇〇九年八月の総選挙で大臣を経験した自民現職が民主新人候補に敗戦、辛うじて比例復活当選した。この時、自民は野党に転落した。また二〇〇七年七月の参議院議員選挙で旧富山市出身の自民現職が国民新党の新人に敗れている。この時は第一次安倍内閣初の国政選挙で、年金記録不備問題や相次ぐ閣僚の失言が問われた。

地方でも都市部は、「暮らしの風」に左右されやすい。市議の議員報酬は、市民生活に直結するテーマである。年金問題同様に自分の暮らしや生活と比較でき、金額や引き上げ幅が市民の血税に影響する。「富山市の発展のため、期待を込めて増額したい」など、安易な理由は市民意識と乖離していた。

今度の報酬増や政務活動費不正はお金に絡む、分かりやすい問題だ。切実なテーマであることの怖さを認識せず、議員たちにおごりがあった。だから、議場外での大きな反対や批判の声、世論調査さえ気にならなかったのだろう。

変わるチャンスあった

民意が聞こえない、聞こうとしない議員意識と議会の風土。こうしたなか、議員に支給されている政務活動費がなぜ、地方議会で生まれたのか。政務活動費の原点を振り返り、議会と議員が市民意識と遊離してしまった背景を考えたい。

政務活動費の前身、政務調査費の支給が制度化されたのは二〇〇〇年五月、地方自治法に制度として盛り込まれた。この年、地方分権一括法が施行された。都道府県の事務のほぼ七割、市町村事務の四割を占めていた機関委任事務が廃止され、権限が地方に移った。市町村は都道府県や国の指示通り、分からない時は上部団体に相談、指示を仰げば良かった。〝上意下達〟が当たり前だった。仕事の多くは受け身。言い換えれば、地方が知恵を絞り、政策を立案する仕事は限られていた。地方独自の、住民のための仕事をしたくても、制度や財源の壁があった。

こうした国と地方の関係を見直すべきだ、と地方の声が強まるなか、一九九三年の細川連立内閣が地方分権改革を唱え、衆参両院で決議した。その後、中央省庁改革関連法と併せ、国の地方分権一括法が成立、施行された。機関委任事務が廃止された分、地方自治体は独自に知恵を絞り、政策を立案する時間と権限を手にした。地方分権は国が地方に権限を分け与えた格好だが、前向きに捉えれば、国から権限を一部、奪い取ったといえた。このころ、地方が変わる最初の節目、チャンスだった。

当然、地方公務員は与えられた仕事を繰り返し、事務的な指導、許可という業務だけでなく、変貌する地域の課題に独自の政策を立て、解決に挑む。この結果、自治体間、都市間競争が激しくなる。首長をトップに行政機関は政策立案能力を高め、住民を巻き込み、住民参加の新たな政策を打ち出すことが地方分権時代の旗印だった。同時に首長のガバナンス、政策能力や手腕が問われ、権限が一層強まった、という見方ができる。

地方分権時代、確かに自治体行政に変化の波が押し寄せた。首長・行政機関と対峙する一方の地方議会はどう挑んだのだろう。

議会は議事・議決機関であり、元来、首長・行政機関の監視機能が求められている。予算案、人事案、条例案の提案、提出は首長が握っている。議会は修正や賛否を決する議決権を持っており、可決なくして、どんなにりっぱな政策でも、首長は執行できない。議会の権限は大きく、議会の方が勝っているという見方がある。

だが、行政当局の監視と言っても、議会の調査、分析や情報収集能力が必要だ。対案を出したり、修正したりするには当局以上に勉強しなければならない。提案能力なくして、議会の存在意義は示せない。何のために大勢の議員が集まり、議会が存在するのか。単なる追認機関、首長の「イエスマン」に甘んじていれば、議会不要論さえ出てきてもおかしくないのだ。

「政務調査」制度にも鈍く

地方分権時代に入り、地方議会にも行政機関同様、分権の扉を開くチャンスが到来した。その象徴が、後の二〇一三年政務活動費に拡大した政務調査費だ。議員が政策能力を磨き、行政と共に力を発揮することが期待された。二〇〇〇年に始まった政務調査費の歴史は浅いが、それ以前から都道府県や富山市のような、比較的に大きな自治体議会では、類似の制度を設けていた。会派ごとに首長の裁量で「調査研究費」などの名目で公費が支給されていた。

支給を受けた議会の各会派は使用実績、人件費や研究費など大雑把な項目ごとに書き込む簡単な支出内容を提出していた。もちろん、住民が使途を確認するシステムはなかった。ただ、当時の全国の動きを見ると、九〇年代半ばから「使途の不明は問題だ」との住民の声が高まり、市民オンブズマンが中心となり、各地で住民監査請求が起きていた。

世論の風圧が強まり、全国の議会と首長側が法律に基づいた支給方法を要望した。このため、国は地方自治法一〇〇条に新たな項目を設け、「政務調査費」は「議会の議員の調査研究に資するため必要な経費の一部」と規定された。残念ながら、「調査研究」とは何か、明確な定義を示さず、各自治体に任された。この結果、「政務調査」から「政務活動」に変わっても、使途の範囲が拡大されただけで、細かな規定は各議会に任されていた。

同じころ、富山県内はどうだったのか。当時の北日本新聞の報道によると、県は会派ごとに「県政調査交付金」を支給し、県議一人あたりの月額は三〇万円。県内の九つの市にも同じ制度があり、富山市は「市政調査研究費」として各会派に市議一人あたり月額で一三万円、最も少ない滑川《なめりかわ》市にも二万円支給されていた。富山市は現在の一五万円より二万円少ない。全九市とも全ての議員に支給している。町村ではバラつきが目立ち、制度自体存在しないところもある。

当時、議会の「調査研究費」の不正使途について、クローズアップされたことはなかったが、「議員の海外旅行が調査研究とは、程遠い観光旅行だ」と報道され、さらに別の議員は「社会福祉法人の幹部職員を兼務し、議員報酬以外に公費を原資とした給与を受け取っているのは問題」などと地方議員の不正が絶えなかった。

多くの議会は自治体独自の「調査研究費」から、地方自治法に基づく「政務調査費」を制度化した。地方分権時代を迎えたが、全国の地方議会は、使途の検証や厳格なルール作りに鈍かった。このころ、北日本新聞は地方分権時代を迎え地方議会の在り方を探ろうとキャンペーンを展開している。改革の動きは徐々にあったが、議員・議会が政務調査費を使い、政策立案に力を注ぎ、地方分権にふさわしい活動、成果を挙げていたかは疑わしい。

緩和された議員の提案条件

国会での地方分権一括法成立に伴い、全国の地方議会では行政の在り方、メリット、デメリットなど議論が続いた。富山県内の議会でも一九九九年六月議会で地方分権を巡り、議論が活発だった。分権法は介護保険や福祉政策、学校教育、環境政策など身近な暮らしや生活に大きな影響を及ぼすため、議員の質問の多くは自治体当局の対応や準備、分権によって行政事務、仕事の仕方、住民生活がどのように変わるのか等々、細かく追及する内容だった。

分権に伴う影響は、住民生活や行政当局だけでなく、議会・議員にもあった。例えば、議会の議案・条例提出権が拡大された。提出する議案、条例案の議員数の要件が、これまでの議員定数八分の一以上から、一二分の一以上に緩和された。わずかな緩和措置と言えばそれまでだが、改革に前向きな議会にとっては朗報である。最大会派でなければ、議案が出せないというものではない。一人会派、二人会派など少数会派でも勉強会を重ね、一人二人……と賛同者を増やせば、提案は十分可能だ。ただ、現実は議員提案があっても、意見書と決議が多く、条例の提出は影を潜めている。

富山市議会の議員定数は三八。議案提出条件は八分の一の四・七五、議員五人。一二分の一なら三・一六、四人で提案できる。「何だ、たったの一人か」と思うか、チャンスと見るか。地方議会は政党政治ではない。一人ひとりの多様な考え、関心事の異なる議員の集合体だ。政党間で論議する国会とは本質的に違う。緩和措置は、地方議会の活性化と自律性を促した、と認識したい。

二〇〇〇年の地方分権改革から既に一七年目を迎える。政務活動費不正が相次いだ二〇一六年までの過去四年間、富山県内の県議会と一五市町村議会で議員提出条例があったのは県議会の「がん対策推進条例」など三件。ただ、県議会自民党会派・政務調査会の活動は活発で、地方分権一括法施行後の二〇〇三年に「都市との交流による農山漁村地域の活性化に関する条例」を全会一致で可決、以後ほぼ二年に一つ条例化にこぎ着けている。だが富山市議会では、市旅館業法条例に「宿泊を拒める事案」を議員提案で加えた一件、二〇一一年の「安全で安心なまちづくり推進条例」、最近では二〇一七年三月、空き家の利活用を促進する「空き家条例」と極めて少ない。富山市議会は地方分権時代の〝バス〟に乗り遅れたように見える。

地方分権時代の幕開け、政務調査費の支給開始。二〇〇六年ごろ、富山市議会で調査費の使い切りが常態化していた、という議会会派事務員の証言もある。条例案の策定に忙しい議員の足跡が見えない。不正の源流が生まれ、既に広がっていた可能性がある。この後第3章で詳述する「平成の市町村合併」へ動き出し、一段落していたころでもある。

現場のヒントから行動

議会内で条例を出そうと行動した議員が誰もいない、では恥かしい限り。だが、一九九七年九月、分権法成立の二年前、富山県大門町議会（合併で射水市）で「空き缶等の散乱及びポイ捨て防止に関する条例」が可決された。条例は空き缶やたばこのポイ捨てを禁じ、違反者に対し、「町長が回収を勧告、命令できる」と定めた。

条例案提出までの経緯を調べると、議員の問題意識と住民との連携、行動の大切さが浮かび上がる。

一人の議員がまず動いた。「田んぼにごみを捨てられて困る」――。この議員が住んでいるところは農村地帯に幹線道路が走り、通過する車のドライバーらから田んぼにごみを投げ捨てられる被害が絶えない。議員は地域の住民の相談をたびたび受けていた。議員自身も農家であり、空き缶や瓶が田起こしの際に農機具に絡み、危ないと感じていた。住民の思いと同じだった。

一般住民ではせいぜい役所に苦情を寄せるくらいのことしかできない。しかしその議員は町長・行政当局と対極にある議会の一員。住民の声に背中を押された。駄目な議員なら、役所の職員をつかまえ「何とかできないか」と文句を言っておしまいだったかもしれない。

その議員は違っていた。議長時代に交流した石川県高松町議会の議長と情報交換するなかで、同町のポイ捨て条例を知った。これを契機に先進事例を全国から取り寄せ、町当局や議会内で議論を重ね、町議五人で共同提案にこぎ着けた。一年がかりだった。条例の可決で町当局は「これからも行政と町民が力を合わせ、条例の関連施策に取り組みたい」と説明した。

条例は住民の声、自身の体験、県内外のネットワーク、仲間づくりと学習、行政当局への働き掛け……。住民と同じ景色を眺め、気付いた事柄が出発点だった。条例づくりは一人の議員では難しい。やる気と行動力があって初めて道が開けたのだ。

条例づくりは首長・当局の専売特許ではない。議会の提案が少ないことについて、議会側は「執行部の条例案には議会の意向が取り入れられている。当局との関係が良好で、あえて提案する事項がない」と、言い訳する。これは多分、議員や議会の意向を受けての当局案ではなく、当局から意向を伝えられて議会側が賛同した、ということでなかろうか。当局の根回しの一環である。

議員提出条例には重みがある。先のポイ捨て条例で学んだように、議員たちが同じテーマについて学び、共同歩調を取れたことだ。さらに当局は条例でうたった精神を誠実に実行するため、独自のさまざまな関連事業に取り組むことが求められる。議員は事あるごとに議会で取り上げ、チェックしなくてはならない。住民と議会主導で政策を立案、条例化する価値は大きい。

議員条例の制定まで時間と調査研究を要する。県外出張や地域の実態調査、資料請求、書籍購入、有識者からのヒアリングや会議、住民への説明会の開催も必要だろう。こういう仕事のため、政務活動費の活用が利くのである。

紹介した旧大門町の「空き缶ポイ捨て条例」は、合併後の射水市に引き継がれ、今も道路沿いに条例を記した啓発看板が立っている。

第３章　分かれ道は地方分権時代

「人民の、人民による、人民のための政治」。リンカーンの有名な言葉。人民を住民に置き換えると、「住民の、住民による、住民のための政治」。日本の地方自治の在り方を言い当てている。戦後の地方自治は「三割自治」と揶揄された。国の指示命令、許認可、財源。権限も財源も三割。国と地方は主従関係だった。

変化の節目は、二〇〇〇年前後の地方分権時代の到来である。当時、既に富山市が中核市に移行するなど、行政の中身に注目が集まった。首長・行政と並ぶ権限を有す議会が、変わるチャンスだった。その後、「平成の大合併」に向け、県や市町村は「自治のかたち」を巡って、濁流にもまれ、それぞれが結論を出した。大合併は、議会が進化する二度目のチャンスだった。

この間、地方議会は激動の地方自治にどう向き合い、行動したのか。変わったのか、変わらなかったのか。富山県を中心に一地方にスポットを当て、地方分権社会前夜から市町村合併時の議会の動き、地方政治の変貌を振り返り、政務活動費の不正事件を生む時代背景や病巣がどこにあるのか、たどった。

1　「平成の大合併」にどう向き合ったか

「巨大な県都に乗り遅れるな」

戦後の「昭和の大合併」に続き、「平成の大合併」から一二年経過した。当時、国が定めた合併特例法「平成一七年三月末」（二〇〇五年）の期限を控え、日本中の地方自治体は乗り遅れまいと揺れに揺れた。小泉政権時代だった。

国の財政難に加え、地方自治体財政も厳しいため、国が地方に突き付けた市町村合併だった。国の補助金廃止や交付税の大幅削減、税源の移譲など「三位一体改革」と称する国策で、地方自治体は苦境に立たされていた。国主導の合併が推し進められるなか、「財政難をどう切り抜けるのか」「本当に財政は厳しいのか」「地域の暮らしやすさとは何か」「今なぜ合併なのか」「どの市町村と合併するのが得策か」「合併のメリット、デメリットは何か」――全国各地で戸惑う首長・行政と住民は、情報不足と不安を抱え、地域の将来が見通せないまま議論が続いた。

富山県内も同様だった。当時、県内の自治体数は三五。福井県と並び、全国一少ない市町村数。昭和三〇年代前半の「昭和の大合併」が国と県が一体となって推進され、知事の権限で合併勧告を受けた町村もあった。富山県は国の優等生だった。富山県内で合併論議が高まったのは二〇〇一（平成一三）年ごろからだった。とはいえ、県をふくめ、行政当局で勉強会が始まったばかりで、住民主体の論議まで発展していなかった。国主導とはいえ、県は幾つかの合併パターンを示すも、中立の姿勢で市町村間の話し合いを重視した。だが、その後、県内各地で合併のグループ化、合併を望まない独立派などさまざまな形態を目指し、駆け引きが繰り広げられた。自治のかたちが大きく変わる可能性があり、一人ひとりの議員、議会がどのような議論、行動を示したのか、あらためて振り返った。

このころ、地方は二〇〇〇年の地方分権一括法の成立、施行を受けて地方分権社会に向け、行政、議会、住民共々大きな節目に遭遇した。前述したように、行政事務の変化や政策づくりの重視、市民の行政参加などが求められ、自律した行政と議会へ〝脱皮〟が迫られていた。この地方自治の変革に合わせたように、国の合併推進が迫られたのだ。自治のかたちの決定は、地方自治そのものの有り様、未来のまちや村のことを考えるチャンスであり、首長・行政、議会、住民にとって重要なテーマであった。

概ね、多くの市町村は、小さくともキラリと光る町や村ではなく、財源を当てに巨大な自治体を目指していた。富山市はこのころ、財政難を乗り切る目的ではなく、県都としての存在感を示し、生き残りを賭け、巨大都市・富山市を構想していた。「うちと合併する意思があるのか、ないのか」――近隣市町村に合併を求めていた。

当時、隣県の新潟市の人口が五三万人、金沢市が四六万人。三二万人の富山市は、両県都の真ん中に位置するとはいえ、財政や人口規模とも小さい。中核市の富山市に対し、新潟、金沢市とも政令指定都市を目指していた。ほぼ一〇年後の二〇一五年三月末までには東京、富山、金沢を結ぶ北陸新幹線が開業する予定だった。観光客の増大が見込まれ、一方で若者の都会への流出、ストロー現象が懸念された。将来、道州制がささやかれ、そのためにも県都の巨大化、存在感を示せる財政と人口規模が必要だった。都市間競争が始まっていたのだ。

富山市の合併方針は決まっていた。「巨大な県都」をつくることだった。厳しい財政問題から回避し、単純に生き残りを賭けたものではない。富山市は合併期限の「平成一七年三月末」の三年前の二〇〇二（平成一四）年夏、近隣の広域一一市町村に大同団結を唱え、大型合併へ動き出していた。首長・行政当局に呼応し、富山市議会内では、研究会や勉強会を設け、議論を重ねていたが、異議を唱える議員はいなかった。「巨大都市化に乗り遅れるな」「都市間競争に勝ち残れ」の掛け声に市議会も、近隣市町村の議会に合併を働き掛け、突き進んだ。

山村の議員・議会は……

そのころ、富山市近隣の山村を抱える自治体の動きはどうだったろうか。

根本的に地方財政が逼迫する一因は、行政の効率が悪いことにある。小中学校教育を例に考えれば明白だ。小さな学校でも教員や授業科目、管理上の教員数や学校設備などが必要だ。小さな自治体とて、住民サービスのため一通り、必要なインフラ整備や多様なマンパワーの配置が求められる。一定水準の都市基盤の整備、住民サービスを維持しようとすれば、財政規模の小さい自治体は効率が悪く、青息吐息だ。

巨大な県都は人口の増大と集積化、言い換えれば、周辺地域を含め、政策と施設の「選択と集中」に向かう。過疎化の著しい幾つもの農山村を一つにまとめ、合併しても合併効果は小さい。一時的な財政危機をしのぐだけである。従って、山村地区を抱える町村は、「生き残り」の名のもと、大きな都市にしがみつく。

結局、合併期限まで、富山市を含め、岐阜県境まで広がる七つの市町村が合併し、大富山市が誕生した。新たな県都は日本海・富山湾に面し、立山連峰の薬師岳を抱える。海抜ゼロメートル地帯から三〇〇〇メートル、県庁所在地では二番目に広い自治体になった。平野部は三割、森林・里山の山間部は七割。海と山と平野、富山の大自然と海と山の幸に恵まれた、素晴らしい地方都市を形成する。一方で都心の集積地から遠い、広大な山間地を持った自治体に生まれ変わった。

富山市と合併した町村の一つ、「おわら風の盆」で知られる八尾町。岐阜県境にあり、広い中山間地を有する。富山平野の南西部に位置し、「八尾」は山々から伸びた八つの山の尾に拓《ひら》かれた地を意味するという。地形上、行政効率の極めて悪い地域だ。かつて、養蚕や和紙の生産で栄えた。富山藩の御納戸《おなんど》と呼ばれ、富山藩家中の衣服や調度品の管理、調達を担う経済的に豊かな地域であった。近年は、「おわら風の盆」で名をあげ、シーズン中、観光客が殺到する。

八尾町には、「昭和の大合併」で旧八尾町と合併した山村地域・旧大長谷《おおながたに》村が衰退してしまった苦い教訓があった。人口が流出し、村の面影はなく、富山県内では合併で失敗した先例のように語り継がれる。大長谷村の住民は谷を挟み、対岸の利賀《とが》村が独立を貫き、「世界の利賀」へ発展するにつけ、「合併すべきでなかったか」と唇をかんだ。

「平成の大合併」では、富山市との大規模合併派、富山市を除く八尾町など近隣六町村での中規模合併派、合併しない八尾町独立派の三つに分かれ、議会内が大きく割れた。ただ、八尾町を中心とする中規模合併は近隣町村の賛同が得られず、富山市との大規模合併か独立か、選択が迫られていた。

その八尾町議会は市町村合併とどう向き合ったのか。当初、議会は各議員の主張が町民に伝わることを拒んだ。迷う議員心理に配慮し、合併特別委員会を非公開にしたのだ。もちろん、報道陣もシャットアウトした。

微妙な問題だけにそれぞれの支持者への影響が大きい。住民自身も合併話に神経質になっていた。特に中山間地を地盤とする議員は〝中間派〟と呼ばれ、態度を鮮明にしなかった。本音では単独町政の厳しさを十分認識しているが、住民の顔を見て、とても合併賛成とは言えない。「大長谷村の悲哀」がよみがえるのだった。

従って、賛成派（大規模合併）・反対派（単独派）を問わず、各議員の利害が一致したため、審議経過や議員同士のやり取り、地域代表の各議員の意思表示さえ、不明のまま大合併が決まってしまった。議事録さえ残っていないという。議会は住民の見えないところで決め、説明もせず、合併の是非が決まった。合併という〝魔物〟が議員と住民を切り裂いてしまったのだ。

教訓は生かされたか

富山市近郊の舟橋村。富山市から合併を働き掛けられた小さな村だ。人口は当時、約二五〇〇人、面積は三・四七平方キロメートル、富山県内では最も小さい自治体。二〇四〇年の人口は三三六一人と推定され、県内唯一増加を見込んでいる。「消滅可能都市」ではない。

なぜ、富山市など近隣自治体と合併しなかったのか。首長も議会も合併拒否というより、無用と判断していた。当時の助役、金森勝雄（現村長）は「国も財政難。地方交付税が何割か減額されるのは覚悟している。無駄な投資をせず、必要な事業から優先順位を決め、実施すればいい。収支バランスをとれば、やっていける」と語っていた。

独立を後押しした条件は、村のインフラがひと通り整備され、ごみ処理や介護保険は広域圏で賄っていたことだった。さらに村は富山市近郊のため、民間の住宅開発が進み、人口が増加傾向にあった。富山市と結ぶ私鉄電車が通り、越中舟橋駅の駅舎に村立図書館を併設した。村民はもとより、富山市をはじめ近隣市町の住民らも訪れ、利用率だけでなく、村民一人あたりの図書費は当時、二三五〇円と多い。県内市町村の平均と一つ桁が違った。村長が語るように保育料も他の自治体に比べ安く、住民サービスが行き届いていた。優先順位が他の自治体と異なっていたのかもしれない。

議会、議員はと言えば、大きな自治体と違い、村の学校区は一つのため、地区ごとの陳情や圧力がなかった。一人の議員が求める要望や苦情、提案は等しく議会のテーマであり、村全体、自治体のテーマでもある。双方が議論を尽くせば、自ずと解決できたのだ。「合併は無用」は自然な流れだった。

もう一つ、富山市との合併派と独立派で割れた議会、独立を目指した首長。紛糾に紛糾を重ねたのがホタルイカや海洋深層水で知られ、富山市と隣接する滑川《なめりかわ》市だ。富山市が合併を呼び掛けた一一市町村のうち唯一の市だ。

滑川市議会は前述の八尾町のように、合併特別委員会などを公開しない議会が多いなか、あえて公開した。難しい問題だけに、ありのまま住民に示そうと努めた。議員の地域地盤によって、主張が異なる。当然、議会内でぶつかり合う。市長の単独方針を受け、採決の結果、「市長方針」(単独)と「議会の意思」が対立するかたちになった。

だが、財政見通しなど資料や調査研究、分析に基づく、政策論議がなかった。議会側にも調査能力に欠けていた。全うな、まちの将来を描く議論があったとは言い難い。議員独自の思惑で賛成、反対の意思表示をした。滑川市は市長の思惑通り、単独を貫くが、議会、議員には虚しさが残る「合併問題」であった。

その滑川市議会は既に議会基本条例を制定し、二〇一七年三月の「土曜議会」に続き、四月に初の議会報告会を開催した。市民は市議に意見や疑問をぶつけ、会場は熱気に包まれたという。これまで市民に傍聴を呼び掛けるポスターを作製、定例会ごとに日程を紹介している。ポスターのデザインも市内中学校に依頼、市民はもとより、子供たちにも議会政治に関心を持ってもらうための試みだ。「開かれた議会」へ前向きである。

地方分権一括法が施行され、全国で地方分権社会の構築に向かうのに合わせ「開かれた地方議会」へと動き出そうとしていた議会もあった。結論ありきの大合併推進派で占める旧富山市議会。合併に慎重派を抱え、住民に議決の場を閉ざした旧八尾町議会。一方で、各地の地方自治体を見渡せば、合併という〝魔物〟に翻弄され、機能を発揮できなかった地方議会。また合併の是非を巡り、二者択一の住民投票に発展、議会内も賛成、反対に二分、禍根を残し、尾を引く自治体があった。

分権時代の議会の役割

「平成の市町村合併」とは何だったのか――。国の財政難に伴い、地方への補助金廃止や地方交付税の削減。半面、一〇年間保障された合併特例債の期限を終え、地方自治体は再び、財源不足に追い込まれている。合併を急かすムチと一時のアメの効果は失せた。

富山市は北陸新幹線開業を迎え、観光客は増加するが、駅周辺や中心市街地など一部地域に限られ、周辺の旧町村に波及効果は見られない。中心市街地に限って再開発などに投資、公的施設の集積やマンション建設が進み、人口が増加する。半面、広大な中山間地を抱える旧町村の人口減、公的施設の閉鎖が相次ぐ。町の中心にあったスーパーが撤退し、住民の買い物がままならない旧町村が出現する。

市町村合併の根底には三位一体改革の一つであった財源の委譲を進め、中央集権制度から脱却し、地方自治、地方分権を強化する狙いがあった。住民の身近な暮らしを守り、行政サービスを維持、高めるための合併との触れ込みであった。財源の委譲は反故にされ、中山間地を持つ旧町村の人口の激減、地域の疲弊に拍車を掛けた面が大きい。地方消滅という言葉が喧伝されるなか、県都富山市には大規模合併で「消滅」の文字は付かないが、合併した旧町村区域の多くは間違いなく、隠れた「消滅可能都市」に区分されるだろう。

残念なのは危機に瀕する周辺町村の地域住民がもがき、必死で頑張る姿が報道されるが、そこへ目配りする議会や議員の姿が少ないことだ。あの富山市議会で政務活動費の不正を働いた議員たちは、旧富山市出身だけでなく、山間地の旧町村を地盤とする議員もいた。

一円たりとも税金の無駄遣いに敏感であるはずの議員とは、真逆の姿であった。議員報酬の大幅増の必要性を説く議員や特別職報酬等審議会の一部委員は、コンパクトシティーや環境未来都市・富山市の発展にさらなる期待を寄せ、一〇万円アップに賛成した。もちろん、都市の生き残りを賭けた都市政策を否定するつもりはない。

合併時、そして合併から一〇年。この地方分権時代、「地域を守り、育てる」覚悟で議会と議員たちが地域の自立と住民の自律のため、真剣に議論し、汗を流したとはとても言い難いのである。

2　細る地方議会

相乗り与党化で影薄く

かつて、「地方の時代」と叫ばれた時代があった。元気な知事や市町村長が全国へ発信、国への対抗心をむき出しに躍動した。高度経済成長期の終焉に伴い、公害問題や福祉問題、農業問題が噴出し、国の指導を待っていては解決できず、住民パワーと相まって、可能な限りの独自制度や条例を制定し、実践した。片や、地方議会は首長・行政と歩調を合わせての行動だけでは、住民の支持が得られない。保守、革新を問わず、議員一人ひとり、議会の姿勢が問われた時代でもあった。

一方で、革新自治体と呼ばれた自治体議会では、保守系の議員は首長と対決し、色々な場面で緊張感を生み、政策論議が活発であった。時には力と力の対決、例えば、首長提案の予算案が否決され、混乱を招いた時期でもあった。議会内の保守系会派内も主導権を巡り、分裂するなど内紛が続いていた。富山市も例外ではなかった。たとえ、首長が保守、革新系だろうが、議員にとって相手は、行政のトップであり、予算や人事など権限を掌握する。対決の意図は、政策の相違からだけではなく、さまざまな利権や権限を奪取するためでもあった。しかし、見方を変えれば、議会は活性化していた。

地方議会の動きが見えにくくなったのは、いつごろからだろうか。

多分、首長と議会の軋みが聞こえなくなり、議会会派の多くが首長の〝与党〟を名乗り出した時期だ。本来、地方議会に与党、野党はない。なぜなら地方政治は国会と異なり、政党政治でないためだ。この議論は後述するが、大きな議会勢力の与党化、あるいは相乗り与党化現象に伴い、議会の存在が薄くなったと考える。首長と対決する構図は生まれない。対決でなくても、異論反論が飛び交う活発な議会風景とは程遠い。各会派は与党として首長に対し、ほぼ「イエス」である。議員の気概を失い、場外で取引やすり合わせが行われていたためである。

こうした現象は、富山市と富山市議会も同じ流れの中にあった。革新市長の退場で首長は、共産党を除く政党と政策協定を結び、共に行政を前に進める形態が出来上がった。首長と議会の関係を「車の両輪」に例えるが、首長側は内心そう願い、議員や議会側が好んで使う表現である。両輪が軋むことなく、円満に歩調を合わせていることをアピールする。「首長が一生懸命に仕事をしているが、我々議会も一緒に汗をかいている」と言いたいのである。オール与党や相乗り、与党の巨大化が議会と首長との緊張感を喪失したことは間違いない。

市民は不透明な相乗り与党政治に不満を抱き始め、その後、都会の有権者は東京の青島幸男氏、大阪の横山ノック氏を知事に選び出した。無党派層の出現が既成政党を束にした力に打ち勝ったのだ。地方では無党派首長はなかなか生まれない。保守系の既成政党を軸にした首長時代が続いている。だが、時を経て、例えば原発など国家的なテーマ・問題が地域住民にのしかかり、都道府県知事選挙などを通して地方政治は既に軋んでいることが明らかになった。

膨らむ首長与党、緩む議会

富山市政は、戦後の自民党公認の市長、社会・共産党が推す革新市長、そして共産を除く相乗り市長、そして市町村合併時代に入り、権限がより大きくなった新首長与党が一層強固になった。この間、富山市の中核市への移行、地方分権一括法の成立・施行を経て、地方分権社会を迎え、「平成の大合併」時代へ向かった。

これまで市民の批判にも耳を傾けず、議員報酬増額の改正案の強行可決や数々の政務活動費不正の発覚、相次ぐ議員の辞職。色々な角度から、これらを引き起こした議会風土を探ろうと歴史をたどってきた。

その一つ、四年前の二〇一三年四月、任期満了に伴う富山市長選と富山市議選（定数四〇）の結果にあらためて注目した。与党の膨張がその後、政務活動費の不正を生む土壌にさらに影響したように見える。

自民党公認候補二八人全員が当選し、全議席の七割を確保した。改選前同様、会派第一党だ。半面、民主と社民が後退した。この市議選は二〇〇五年四月の市町村合併後、初めて全市を一つの選挙区とする大選挙区で行われた。票の行方が読みにくい選挙だった。この時、定数は二減の四〇、これに四人上回る四四人が出馬した。従来の山間地の村から出馬した候補者には厳しく、旧来の選挙区を超えた激しい選挙戦だった。

一方、市長選では現市長が三選を果たし、推薦・支持した政党や団体の議員が市議会全体の九五パーセントを占めた。首長与党の盤石さは、一般的に行政のスピーディーな運営には好都合だが、チェック機能が緩み、独断に陥りやすい危険性が潜む。首長の権限は絶大である。議会側の監視や苦言、提言がなければ、独断専行に陥りかねない。

議会ポストにも異変が生じた。最大会派の自民は議長、副議長ポストはもちろん、常任委員会や特別委員会、議会運営委員会など全ての委員長ポストを占めた。第二会派の公明と民政クラブは要望通り、副委員長ポストを二つずつ得たに過ぎない。首長与党を自認する議会会派で議会運営を固めたかたちである。首長は合併前の旧富山市長を含め、四回目の当選である。余程、議会と首長・行政機関が互いに正常な機能が働かない限り、緊張感のない議会審議、緩みと怠慢が生じやすい。その証左に、この間、まともな議員提出の条例案はないのである。

市長は当選にあたり、「権腐十年」という言葉を語り、自戒する。権力を一〇年も持てば、腐敗するという。これは議員にも当てはまる言葉だ。この改選時期を境にリーダーシップに勝る首長に対し、議員の厳しい苦言や提言があったのか。議会の存在は薄く、首長・行政機関と馴れ合いが深まった可能性がある。

議員報酬の増額を求めた富山市議会自民党会派は、「いまの報酬額では税金や社会保険など必要経費を差し引かれると、とても生活ができない」「成り手を促すためにも、報酬増額が必要だ」——等々と一年後の二〇一七年四月の市議会改選を控え、市長に要望した。

報酬を上げれば、議員をやってみよう、という市民が増えるだろうか。金額の大きさに魅力を感じ、あるいは安定した職業の選択肢として、まともな議員志望者が大勢集まるだろうか。教養、地方行政への関心、地域と住民への愛着、労苦を惜しまぬ行動力……。何よりも政治家はカネに清潔であることだ。その後の政務活動費不正受領など議会の展開を見れば、空々しい理由だったと露顕した。

足りない報酬額が成り手不足の原因なら、現職議員は別の仕事を探せばいい。議員が魅力ある職業ならば、立候補者が殺到するはずだ。成り手が少ない最大の理由は、市民アンケートから見ても、議員が普段何をしているのか、市民に見えないためでなかろうか。

議員削減へ負の連鎖

成り手不足現象は今に始まったことではない。地方分権一括法が国会で成立した一九九九（平成一一）年、四月の統一地方選を控え、富山県内の地方議会で議員定数削減の動きが加速していた。富山市議会同様、政務活動費不正で揺れた高岡市議会では、選挙が二カ月後に迫った時期に最大会派の自民クラブが突然、議員定数を現行三二から四減にする方針を固めた。「市の行財政改革に歩調を合わせた。地域の代表ではなく、広い視野から市の課題を議論できる議員が必要になっている」――当時の自民クラブの代表が記者会見でこう説明している。

なぜ、「この時期に」と問われ、「黒部市議会のような無競争であってはならない」と記者の質問に答えた。黒部市は同年一月の市議選で県内九つの市議会初の無競争になった。異例の事態だ。高岡市議会自民クラブの定数削減の本音は、無競争の回避が狙いだった。確かにこの時、立候補者が定数を割り込む可能性が濃厚だったのだ。

他党会派からは「数合わせの論理」「当選ラインは上昇し、益々新人が出にくくなる」「立候補者が少ないための削減は納得できない」と反対の声が上がった。結局、三月高岡市議会で定数削減案が可決され、無競争を経験した黒部市議会でも、早々に削減案の検討が始まった。

議員定数削減の動きは市町村合併に至るまで各地方議会で続いた。議員定数は地方自治法で定数の上限を人口規模ごとに定めてはいたが、地方分権一括法に伴い、基本は地方自治体の判断に委ねている。だが、多くの議会が、常に削減理由に挙げるのが行革だ。身を切る覚悟が必要と、議会自身の自主性を強調してきた。選挙が近づき、出馬の顔ぶれが見えてくる。このままだと定員割れし、無競争では選挙が盛り上がらない。定数を少し削減すれば、〝少数激戦〟を繰り広げることが可能だ。地区ごとの票も読めるし、現職と新人の有利、不利がくっきり読める。建前とは異なり、むしろ、広い視野の新人の登場が難しくなるだけである。

同じころ、議員定数削減に懐疑的な議会、議員たちもいた。旧富山市と隣接する大沢野町議会（後に富山市と合併）。議会改革の一環で住民が傍聴しやすい議会に変えよう、と土曜議会の開催を検討していた。県外の議会を視察、実現にこぎ着けた。議員削減案も出たが、持ち越した。当時の町議会議長はこう語っている。「議員二人減らせば、年間一千万円節約できる。でも、議会の行政監視機能をしっかりさせれば、一千万円の無駄をなくすことも可能だ」。どちらも一理あるが、議会の本質を突いている。

議会の本質、議員の本分を棚上げし、「削減することはいいことだ」と、「平成の大合併」へ突き進んだ。地方分権時代、行財政改革に合わせ、議員削減こそ「議会改革」と思い込み、一方で政務調査費や政務活動費を受け取っていた。多くの議会は使い道や公開などルールづくりや議会基本条例の制定を、そっちのけにしたままになった。そして、いま不正の後始末に追われている。自分たちで決めた制度に満足し、胸を張られても困るのだ。

3　政治の力に翻弄

地方政治は政治の源流　官邸、霞が関、永田町は中央政治の上流である。国から地方へ指示命令、許認可、補助金や助成金、そして何よりも情報をもらうため、官僚や国会議員に陳情政治が続く。「上意下達」は中央集権の象徴だったが、地方分権で財源問題など本丸の解決は残るも、ある程度、協力と対等の関係に改善された。

官僚の世界では上流は霞が関や政府、下流は県や市町村だが、日本の政治の世界は違う。決め事は確かに上流の永田町や国会、官邸や霞が関だが、政治家の意識や行動の源流は、地方政治の選挙地盤だ。政治とカネ、モラルの問題がクローズアップされるたびに、国会議員や閣僚の中央での振る舞い、資質の問題だけでは解決しない利益誘導や陳情政治の在り方、地方政治の風土が問われるのだ。

地方に根を張る地方議員や企業、各種団体、それらを支えるのが後援会組織と有権者、住民。国会議員を中央に送り出す選挙区の住民の政治意識は、国会議員に投影される。

序章で紹介した、富山県福光町が生んだ松村謙三は地元住民の松村信者、松村宗が支え、育てた。世にいう松村精神は、松村自身のことではなかった。地域の政治風土が醸成した。富山市議会で政務活動費の不正が発覚した時、私の知る旧福光町（現南砺市《なんと》）の議員や住民は「富山市の議員の行動は、福光では信じられない出来事だ」と語った。

富山市でいつもカネまみれの政治が横行していた、とは言い難い。全国に知れ渡った悪質な選挙違反や政治家絡みの汚職事件など起きていない。ただ、戦後の富山市政の変転ぶりは、地方政治家の意識に影響したことは間違いない。富山市がたどった道のりは特殊なのではなく、全国の地方政治とほぼ同じなのである。

前述したが、戦後の保守、自民党市長から社共の革新市長、革新・中道市長に自民党の合流、共産を除く自民主導の相乗り市長。現在は国政を反映した自民主導に公明などが支持する。

その意味で、富山市政を支える市議会自民党市議の行動が象徴的である。一九九九（平成一一）年八月、自民党富山市支部連合の支部長に富山市議が就いた。これまで国会議員ポストだったが、地域との連携を深めるという理由で一時、県議に交代した経緯がある。

ところが、富山市選出の県議らが手にした支部長ポストを巡り、県議内で争いが生じ、当時の県議・支部長は嫌気がさしたのか、辞めてしまった。このため、圧倒的に富山支部の役員数の多い市議団トップが名乗りを上げ、トップに就いた。国会議員、県議から市議の支部長就任は当時、富山県政界では大きな波紋を呼んだ。

その後、自民党県議は富山支部連合の会議をボイコットする事態が続いた。執行部を信任しない、という意思表明だが、市議支部長が一九九九年から二〇一一年まで一二年間、ベテラン市議二人が務めた。政治の源流の富山市議団が名実ともに実権を握った。

中核市、小選挙区制度で市議台頭

なぜ、市議が力を持つようになったのか。富山市は一九九六年に中核市に移行したことが少なからず影響した、と思われる。中核市には他の市町村に比べ、国や県から大幅に権限が委譲された。不必要なハンコと書類が省かれただけでなく、事務の効率化とサービスの向上につながった。例えば、保健所の設置や飲食店経営の許可、保育所や養護老人ホーム設置の許可や監督、身体障害者手帳の交付等々、市が県や国の承認なくても、できるようになった。分野によって、県と対等の権限を有し、県庁や知事に頭を下げなくても、独自に行使できた。

このことは県議と市議の関係に少なからず、影響を与えた。市役所が県庁に頼むのに、仲介役の県議に相談や要望といった手続き、つまり手間が省ける。むしろ、市議の仲介で市役所に許認可のスピード化や手続きを要請されるケースが増えた。

県議は選挙戦でよく、「県とのパイプ役を私に任せて」と訴える。地方政治でパイプ役として果たす範囲が、ぐんと小さくなったといえる。県議の役割、市議の役割は自ずと異なる。しがらみではなく、政策が地方議員の仕事なら、同じテーマでも県政と市政の土俵と視点が違う。お互いが政策について議論することで、県都と県の発展に貢献できるはずである。

もう一つ、市議の力に作用した点は、小選挙区比例代表制という衆議院議員の選挙制度改革だろう。富山県内は元々、富山市を含む県東部と県西部の二つの選挙区だった。中選挙区制度の下、定数はともに三。選挙戦ではほとんど自民二、社会一を分け合っていた。五五年体制を絵にかいたような勢力図だった。

選挙区が小選挙区制に変更され、県内は富山市第一選挙区（旧富山市）、旧富山市を除く第二選挙区の県東部、県西部の第三選挙区（旧二区）の三選挙区制。定数は共に一である。旧富山市区域は、衆議院議員の小選挙区と旧富山市選挙区選出の県議の地盤が重なる。旧富山市選挙区選出の市議は市町村合併で大選挙区制になったため、広域から集票が可能であるが、実質的に旧富山市が地盤だ。

国会議員の強固な地盤は、市議会議員のドブ板選挙で培った、組織と人脈だ。ただ、県議、市議とも同じ富山市選挙区。市議はきめ細かく活動でき、集票のための組織づくりでも、県議に勝る。もちろん、国会議員はこうした地方議員なくして存在しない。衆議院選挙区の変更と中核市の誕生は市長、行政機関の権限の増大に加え、市議や市議会の勢力図を大きく変えた。こうした政治構造は富山市が特殊とは思えない。

市議の自民党富山市支部長が初めて誕生した時、この支部長はこの年の四月、二回目の富山市議会議長に就任している。記者会見で抱負を問われ、市町村合併の推進を挙げた。自民主導の富山市議会、議員らは首長・行政当局同様、巨大県都を目指し、富山地区広域圏二市六町三村の自民党議員らに合併を働き掛けた。

この年、地方分権一括法が施行された。結果的に目標の一一市町村から富山市と六町村の新富山市に縮小されたが、自民党市議の力が大きかったことは間違いない。

超小選挙区（学校区）のために

富山市議の地盤は現在も、旧の富山市や町村。合併で選挙区域が大きくなったとはいえ、他の町村には元々、町村議の固い地盤がある。旧富山市選出の市議にとって、旧町村に知人友人がいても、点としての票にはなるが、地盤の浸食、拡大は難しい。選挙の地盤と看板は、市町村合併後も旧富山市の地元、町内会を拠点とする小中学校区だ。ここをしっかり固め、周辺の校区へ攻め込む戦法が常道だ。

初めて立候補する場合、地元の町内会や学校区内の自治会の推薦が欠かせない。ことに自民党など保守系の候補者は、たとえ正式な推薦がなくても、地元有権者の支持がないと、そう簡単に票固めはできない。まず、町内会を固め、さらに学校区を地盤にする。

選挙にあたり、抽象的な文言を並べた公約を作っても、現実は校区内の住民の支持はなかなか得られない。道路の舗装や信号機、通学路の横断歩道、用水路の安全柵の設置、公共施設の整備など住民からの地域内の細かな要望に対し、いかに応えることができるのか。それが住民の議員への期待であり、議員に求められる重要な務めである。一方で、住民・有権者側は「地元に一人ぐらい議員さんがいないと……」という意識をぬぐい去れない。

旧富山市の区域は衆議院議員の小選挙区。この小選挙区内の末端に張り巡らされたのが学校区。ここにそれぞれ市議がいる。地元で強固な地盤を築いた議員ほど、周辺区域にも影響力を与え、政治力を発揮する。こうした市議の地盤はいわば、小選挙区を細分化した「超小選挙区」だ。富山市議に限らず、日本の地方議員は概ね、超小選挙区内で政治活動をしている。

もちろん、市全体の問題にも取り組むが、超小選挙区の課題や問題、住民の要望を無視しては地方議員の存在価値さえ、疑われるだろう。住民側も陳情を通すためにも、地元の有力地方議員に頼る。ここに陳情政治が生まれ、「地元の陳情を受けなければ、政治家ではない」とまで現職議員らは思っている。

ただ、地方、地域を取り巻く社会経済状況は大きく変わった。財政は逼迫し、インフラ整備はほぼ整い、道路や橋などの新設は徐々に縮小気味だ。地方議員が活躍する場は大きく変わった。もはや、「地元のことに頑張ります」と唱え、実行するだけで議員バッジの役割が果たせない。

「地区（校区）の推薦さえ受ければ、安泰」「地元のことをやっておれば、大丈夫」という時代ではない。議員歴を重ね、役所への押しも強くなれば、そう飛び回らなくても、ひと言で通じる。こうした議員意識が行政を歪め、時には「政務活動費に充てても大丈夫」と思い込み、不正に発展したとも言える。現実に四年間一度も政務活動報告会を開かず、架空の開催を重ね、架空の活動費を請求していた議員がいたのである。有権者の方も活動報告会に関心を示さず、議員の行動にも無関心だった。

特別に計らう政治、特定の人のための政策、特別の地域のための行政……。陳情は全て悪ではないが、「特別」「特定」がまかり通れば、時代を読み、世の中を大局的に見る鳥の目がかすむだろう。超小選挙区内で芽生え、はびこる意識は地方政治の出発点であり、地方議員に限らず、国政において、国会議員の意識と行動の源流のように映る。

第４章　「言論」はどこへ

「会議においては、文書を朗読することができない――」。衆参の議院規則にある。棒読みは駄目だと、禁止している。国会は論戦の場、と定めている。地方議会にはそうした規則はないが、議会は討論、論戦の場であることは間違いない。政治家の武器は言葉、言論だ。

政務活動費不正事件で異様な兵庫県議の号泣会見。富山市議や県議の悪びれない態度、「（お酒を）誘われれば嫌と言えない性分なので―」との言い訳。「何に使ったのか」と記者に問われて、飛び出した言葉だ。高尚な言葉は期待しないが、いい加減なのだ。地方議員はこの程度か、と市民らは恥ずかしくなった。選んだ有権者が悪いのだから。

政治家の言葉が軽く、政治全体の空気がふわふわしている。相手との議論を避け、いなし、無視する。厳しさ、誠実さ、重みがない。なぜだろうか。地方議会なら大勢力の与党会派、国会議員なら強力な政権与党のたるみか。

普段の会話、言葉から政治家としての資質が見えてくる。だから、かしこまった議会で、記者会見で、街頭で、会議の席上で、本性がのぞく。国民・住民の目線で、自分が信じてやまない言葉、「信」を伝えるのが政治家の使命である。

1　軽すぎる言葉

驚く弁明記者会見

富山市議会や富山県議会など議員の政務活動費の不正が相次ぎ、辞職に追い込まれた。〝ドミノ現象〟が連日報道され、地元の新聞やテレビに加え、テレビキー局のワイドショーをにぎわした。偽の領収書や架空請求などの不正と姑息な手口が批判され、テレビに映し出された議員たちの弁明の言葉に驚いた。「開いた口が塞がらない」と県外の友人から、議員のレベルの低さを数多く指摘された。もはやレベルの問題ではなく、議員以前の問題なのだから、こちらも説明のしようがない。

中川勇富山市議会議員（当時自民、会派会長）は領収書の偽造が発覚し、一五七万円を着服したことが明らかになり、記者会見に追い込まれた。記者に「罪の意識はなかったのか」と問われ、「何回か重ねるうち、これじゃいけないと思いながら、ついついやってしまった。弁解の余地がない」。「何に使ったのか」との問いに、「ほとんどが飲み代。（酒を）飲むのが好きで、誘われれば嫌と言えない性分なので。趣味のゴルフにも使った」と恥ずかしげもなく、語った。会見内容が一字一句活字になり、このフレーズは何度もテレビで流れた。

山上正隆富山県議（当時、民進党県連幹事長）は県庁で記者会見した。「富山市議の不正発覚を受けて、自分の政務活動費の使途を確かめるうちに不正を思い出した」。そう切り出し、「ありゃー、こんなのが残っとったのうと、びっくりぽん」と笑いながら、話したのだ。厳しい空気を察し、その場を和らげようとしたのか。空気が読めない、というが、人間として恥ずかしい限りだ。続けて、「選挙の年はものすごく大変。選挙が終わって一～二年は苦しい」と言い訳に終始した。この類の弁明会見を幾度も聞かされた県民こそ、恥ずかしく感じたに違いない。

県民はとぼけた釈明を期待したのではない。不正の経緯をしっかり説明し、申し開きしようのないことを率直に謝罪すべきだった。記者が逐次質問しないと答えないという姿勢からは、何とかごまかし、この場を切り抜けたいという心根が透けて見えた。

市民感覚からすると、流用を指摘された議員らがそのことに対し、「不正」と「不適切」を使い分けたことが気になった。例えば、議員の後援会総会で自身が短いあいさつをし、出された茶菓子代の請求についても、「あいさつは政務活動報告だ」と歪曲し、「茶菓子代は問題ないと思っていた」と言い訳した。議員自身が「不適切」と表現する言葉は市民からすれば、結果として「不正」と同根だ。そのことに気付かないだけなのである。

こうしたごまかしの言葉が、記者会見やテレビカメラの前で恥ずかしげもなく、飛び出すのは、その場の空気や事の重大さに鈍感なだけではない。彼らの日々、議会や会派控室、役所での話し合い、仲間うちの日常会話は、ごまかしや安易なやりとりで通用していたのだろう。そこは議員だけで許される〝ムラ社会〟だ。ぬるま湯にどっぷり浸り、厳しい指摘や苦情にも真摯に向き合って来なかったのか。

富山市議会では、インターネットやケーブルテレビ中継もない。これまで議会広報には議員の質問は掲載されるが、誰が質問したのか不明。質問者の名前も顔写真もなく、質問事項と当局の答えを列挙した議会広報だった。市民にとって不自然で、広報の体を成していないのだ。まさか議員のプライバシーを理由に匿名にしたわけではあるまい。もちろん、議員は市民の「代理人」であり、公人。プライバシーはない。本音は、定例議会でどの議員が質問したのか、市民に分かってしまい、質問しなかった議員にとって「不平等」になるというのが理由らしい。

驚くべき議員の軽い言葉は、市民と向き合う日常の議会活動で鍛えられることなく、安直な世界に安住していたことが源泉なのであると思う。

「信」を伝えること

地方議会でこのごろ、議会人として考えられない、品性を欠く行動や発言が目立つように見える。「日帰り出張を一年間に一九五回実施、政務活動費から約三〇〇万円を支出した」として、不正が発覚した野々村竜太郎兵庫県議会議員（後に議員辞職、有罪確定）。記者会見で説明に窮し、突然泣きわめき、〝号泣県議〟の異名がついた。意味不明な軽すぎる言葉を語る富山市議とは異質だが、地方議員のイメージをひどく悪くした。また東京都議会本会議で質問中の女性都議に、セクハラとも言えるヤジを浴びせる議員たちがいた。特定の政党会派、議員ではなく、議場のあちこちから飛び出したのだ。その議員たちはその後、舛添都知事の金銭疑惑に伴い、知事と議会側の癒着の構造があぶり出された。

議員にとって演説や議会での質問、発言は〝武器〟だ。それだけに言葉を選び、慎重でありたいが、地方議員だけでなく、国会議員でも言葉の軽さ、品性を欠く発言、放言が目立つ。

例えば、以前に自民党のある参議院議員が憲法審査会で突然、「今の米国は黒人が大統領になっている。黒人の血を引くね。これは奴隷ですよね」と発言、問題視されるや、「米国人は人種に関係なく大統領になれる国だと言いたかった」と陳謝している。オバマ前大統領は奴隷の末裔ではない。また、民進党の議員では甘利明元経済再生担当相が睡眠障害で自宅療養の診断が下された時、党の会合で「いよいよ攻勢をかけていく時だ。首相の睡眠障害を勝ち取りましょう」と呼び掛けた。

つい最近まで安倍一強と言われるなか、国会議員の失言、放言、暴言さえもが飛び出した。問題発言だと指摘されるまで、それを理解不能な政治家が目立つ。

内閣府の務台俊介政務官は台風被災地の岩手県岩泉町を長靴なしで視察、職員におんぶされて水たまりを渡ったことについて、批判された。後に都内で開かれた自身のパーティーで「お陰で各省庁に長靴が配置された。長靴業界はだいぶ儲かったんじゃないか」と話した。〝受け〟を狙ったが、被災者の心情を踏みにじる発言だと、政務官を辞任した。

今村雅弘復興相が記者の質問に対し、原発事故の自主避難者が故郷に戻れないことを「本人の責任」として、不満なら「裁判でも何でもやればいい」と言い放った。その後、復興相として派閥の講演で東日本大震災を巡り、「まだ東北で、あっちの方だったからよかった」と被災者、被災地に寄り添わない暴言を吐き、辞任に追い込まれた。

都議選の街頭演説で安倍首相が「安倍総理は辞めろ」と叫ぶ一団を指し、「こんな人たちにみなさん、私たちは負けるわけにいかない」と発したことが批判された。批判する国民を「こんな人」と切り捨てたのだ。都議選惨敗に留まらず、政権批判や内閣支持率の急落に拍車を掛けた。

どの発言も冗談ではなく、本音と受け取れる。語り掛けた向こう側に国民が居ることや、相手の立場、場所もわきまえていない。一般常識からずれており、国民から「人間として信じがたい」という声が出る。国会議員の品格や適性を欠く発言は枚挙にいとまがない。どれも勘違いでは済まされない。政治家の本性が顔を出したのである。

地方議会でのヤジやひどい発言は全国ニュースにならないため、表立って批判にさらされることは滅多にない。

倫理観とコンプライアンス

議会は国会、地方議会を問わず、論戦の場だ。国会は国の最高機関で「言論の府」である。政治の世界はきれいごとでは済まない。表舞台で体を張った論戦を展開してほしい。質問議員ばかりか、答弁する首相や閣僚も揚げ足取りのやりとりが散見される。真摯な論戦こそが政治家の腕の見せどころである。

地方議会は首長・行政機関と対峙する議事・議決機関だ。当局の議案や政策に反対、賛成を問わず、持論を展開すべきだ。それなのに、追認機関に成り下がり、議会で質問しないのがベテラン議員の証であるかのように振る舞っている。ベテランはベテランらしく、首長に論陣を張る論客でありたい。県議会や市議会で近ごろ、唸らせる〝名物地方議員〟がいなく、寂しい限りである。普段の議会活動で論を磨かないため、不正事件での釈明会見で幼稚な言葉しか発せないのだろう。

議員の不正、不祥事の防止には、議員一人ひとり、人間としての倫理観が問われる。一方で地方議員に対し、コンプライアンスや研修を求める声がある。「議員がまさか不正するとは思わなかった」と富山市職員らは嘆いた。性善説に基づき、コンプライアンスが備わっている、と思い込んでいた。

選挙で当選したある議員は、ベテランといえども、議会や議員に関わる法律や条例を案外、知らないことに驚いたという。当選を重ね、議会の慣例などは染みついていくが、真面目に地方自治法や公職選挙法、地方自治に関する憲法、政治資金規正法、さらには情報公開条例など地方議員として当然、目を通しているはずの法律を知らないと言うのだ。政務活動費の不正発覚で、市職員が関係議員に対し、記者が情報公開請求したことを報告、逆に議員側も当たり前のようにどこの誰が取材に来たのか、などと職員に報告を求めた。議員も職員も、法律の趣旨を理解していないのである。

企業でもコンプライアンスは重要なテーマであり、一つ間違えると企業の存立さえ危うくする。社員ばかりか経営トップの判断、言動がコンプライアンスにもとる結果、倒産に及ぶことさえあるのだ。

地方議員の誤った言動が命取りになることがある。住民の代理なら、コンプライアンスを備えるのは当然である。もちろん、初めから法律に詳しい者だけが議員に立候補し、当選するわけではない。当選後、みな猛勉強する議員とは限らない。こうした法令が伴うコンプライアンスを学び、倫理観を備えるためにも、一定のカリキュラムを作り、定期的に履修すべきだろう。バッジをつけても、実態は〝仮免〟だ。一人前の議員になるため、基礎的な知識を身に着けておきたい。

もちろん、政治家の基本は国民、住民の信頼たり得る行動を示すことだ。「民、信なくば立たず」である。

議員の育成と政治教育

現職議員の再教育ではなく、「学校」で次の時代の議員を育成しようという試みがある。自民党富山県連は二〇一三年四月、「富山政治学校」を開校した。目的は政治家志望の若い人材を発掘し、次代のリーダーを育てること、という。県議で当時の自民党県連幹事長の中川忠昭氏は記者会見で「富山県を良くしたいと志を持つ人に手を挙げてもらいたい」と意気込みを語っている。

自民党本部は衆議院議員選挙で野党に転落後、自民志向の政治家志望者が減少したことに危機感を抱き、各県連に人材養成機関の立ち上げを要請した。党を挙げて国会議員や地方議員を目指す人材の発掘、育成を行う「地方学校」の普及に乗り出したところ、一〇を超す都道府県連が政治塾などを開校した。富山県連でもこれを受け、準備を進めてきた。その結果、一期生は四一人。党員であるか否かは問わず、県内の在住者、通勤者、出身者などが対象で満二〇歳以上、五〇歳未満。年一〇回の講座、各方面で活躍している人や国会議員が教壇に立った。

ただ、本音は地方議員の成り手不足解消である。県議は地域によって無投票選挙区はあるが、成り手がいなく、欠員という事態はない。

むしろ、市町村議員の成り手不足の方が深刻だ。「政治学校」開校前の二〇〇九年、富山県内の砺波《となみ》、滑川《なめりかわ》両市、二〇一一年の舟橋村、一二年の魚津市の議員選はいずれも無投票だった。開校後の一四年の小矢部市議選では市制始まって以来、初の無投票となった。告示直前まで欠員一状態。保守系は擁立を目指したが、断念した。結局、幸福実現党が候補者を出し、無投票当選した。同団体にとって、全国でも数少ない地方議会の議席を確保した。この時も選挙後、「選挙しなくて助かったのでは……」「各議員が何を公約に掲げたのか分からない」「定数を減らすべきでないか」――など市民からさまざまな意見が出た。保守系無所属を名乗る自民でも、小矢部市議会に見るように「あと一人」さえ出せないのが現実である。

そうした背景には、地方自治体では道路や橋、公共施設などインフラの整備がほぼ終わり、従来型の議員が力を発揮するテーマが見えにくい時代状況がある。さらに議員報酬に頼る政治活動は、今の保守系ではなかなか難しい。政務活動に傾倒するならいざ知らず、議員としての付き合いに何かとおカネがかかる。議員お抱えの企業はもはやない。親族系の企業からの支援があれば別だが、純粋に地方政治家を目指す若者を呼び込むには、厳しい環境である。

政治学校の試みは、政治の仕組み、政治家とは何かを学ぶチャンスであるが、基本的に党主導の政治家候補の掘り起こし機関だ。橋下元大阪府知事や小池東京都知事も独自に政治塾を開き、国政をにらんで、候補者を送り出している。

ただ、富山市議会の場合、皮肉にも市議の不正事件で市議補選に続き、二〇一七年四月の本選挙に定数三八に対し、五八人も立候補、大勢の新人が出馬した。議員や議会の〝本当の姿〟が見え、「これではいかん」と立ち上がった。「反面教師」的な役割を果たした。

若者や子どもたちに日常の議会や議員活動をいかに見せ、学んでもらうか。一八歳選挙権を契機に地元の議会と連携し、小学生から中高生まで政治教育のシステムやカリキュラムづくり、学校教育や社会教育の中で学ぶ「場」をつくりたい。

こんな例がある。実際に愛知県新城市が一六～二九歳を対象にした「若者議会」を設けた。しかも、市は「若者議会」に予算一千万円の使い道を自由に決めさせた。いわば若者の視点で未来の投資を任せたのだ。これは同市出身の若者が、イギリスで若者らが議会で議論し、政策を決める現場を見て驚いた。帰国後、見聞した様子を地域の仲間に話し、そして市長に働き掛けたところ、当局は「若者議会」を条例化した。若者の行動力、ネットワーク力が実現にこぎ着けた。今、全国から視察が絶えないという。

2 「言論」を磨く

演説は議員の華

国会は「言論の府」という。衆議院規則（第一三三条）、参議院規則

（第一〇三条）にこんな条文がある。

「会議においては、文書を朗読することができない。但し、引証又は報告のためにする簡単な文書は、この限りではない」。以前読んだ若宮啓文『忘れられない国会論戦――再軍備から公害問題まで』で初めて知ったのだが、国会審議で発言の際、原則的に朗読は禁止されているという。現実はどうだろうか。総理や閣僚、政府側は忠実に原稿を読むあまり、うつむいたままの姿勢。多少の強弱はつけるものの、迫力がまるでない。官僚の作文を間違えないよう、棒読みしているのだ。相手側を批判する時、前を向き、大声を発するが、「演技者」の絵にもならない。

もちろん、質問する側も同様だ。発言を吟味すると、いつも話している内容を言い換え、抑揚を絡めて言っているに過ぎない、と思うことがある。自分の信念や自分の体験から絞り出した言葉でないためだろう。質問者、答弁者共々、丁々発止のやりとり、なるほどと唸らせる答弁や質問、迫力に満ちた質問、ユーモアあふれる質問や答弁。このごろ、なかなかお目にかかれない。それどころか、予算委員会などの答弁で言葉さえ発することに窮し、「ちょっと私の頭脳というんでしょうか……。対応できなくて申し訳ありません」とギブアップした閣僚も出現した。

国会議員だけでなく、地方議員も政治家なら、議会の本会議や委員会での演説は晴れ舞台である。当選後、初議会に臨む新人議員にとって、議場での質問は、自身の政治信条や政治姿勢を表明する絶好の機会だ。単に一方通行ではなく、居並ぶ首長や幹部に質問をぶつける。議員の気迫が伝わり、能力が問われるだけに、さぞかし緊張するだろう。

二〇一六年一一月、富山市議補選で当選した議員は全員新人だった。一二月定例議会を含め、わずか一カ月の議員生活を振り返り、北日本新聞のインタビューに答えている。

「審議が次々と進み、理解できない市民が多かったのでは。分かりやすい議会づくりも必要と感じた」と大勢の傍聴者を見ての感想があった。傍聴者への分かりやすい内容の配布資料、質問と答弁のやりとりの方式など、改善の余地があるかもしれない。また「議会の手法につじつまの合わないことがたくさんあった」「質問を事前に擦り合わせるなど、市民に見えない部分がたくさんある。慣例は大切だが、変えられる部分は変えていきたい」。こうした体験を大事にしたい。初心忘るべからず、である。

だが、議員歴を重ねるベテランになると、本会議での質問から遠ざかる傾向がある。「若い議員に任せた」「いちいち当局に聞かなくても分かっている」「議場の外でいつでも聞ける」と本会議での演説をよしとしない。舞台裏での交渉を重視する。しかも、多くの議会では、代表質問や一般質問の内容は事前通告制だ。当局が質問内容を早めに出してほしい、と催促する。それを受けて当局は回答を入念に準備する。場合によって、「このような答弁ができるので、質問をこのように修正したらどうでしょうか」とアドバイスする。仮に絶対、答弁できない場合、「その質問を取り下げてほしい」と懐柔する。強行すれば、「ゼロ回答」だ。

こうした根回し政治の横行が地方議会の沈滞化を招く。傍聴人が少ないのは有権者、住民側の意識のせいではない。ただ草稿を読み上げているだけなら、質問の趣旨や背景も分からない。当局と議員に緊張感はなく、傍聴人にとって退屈だろう。現役記者時代、何度も議会取材をしたが、行政の流れを理解している立場だけに、微妙な言い回しが重要なのかどうか、理解できる。だが、一般市民には意味不明な議会用語が随所にあり、理解不能だろう、と想像する。議場でのやりとりは、分かり合った者同士の「学芸会だ」と揶揄されるゆえんだ。

「根回しはやめたい」という小池百合子東京都知事の提案で、議員側が質問内容を事前通告しなかった。知事は議場で資料をひっくり返し、答弁に窮する場面がみられ、いつものスムーズな流れは途絶えた。それは異変だろうが、本当の姿であり、本来の光景でもある。

かつて、県外の議会のことだが、「議会で一度も質問していない議員が議長に就任してもいいのか」という珍問が自治省（現総務省）に届いたという。演説をしない、出来ない議員は政治家の資格はない。自説や日頃の思うところを披歴する晴れ舞台を放棄し続けていた「質問ゼロ議員」が議会の先導役としての務めを果たせるだろうか。まして、何らかの役割が期待されるポストに就くなど有り得ないことだ。

地方議員、地方政治家がいかに演説を磨くか。日ごろ、発する言葉に自然とにじみ出る。議会での演説を軽視してはいけない。

「一問一答」で勝負

国会の予算委員会で時として爆弾発言が飛び出す。質問内容の趣旨が事前通告されてはいるが、一々発言のやりとりの中で、新事実が明らかになる。国会が空転し、閣僚の首が飛ぶこともあった。質問議員と首相との対決。予算委員会のテレビ中継も緊張感が随分違う。

予算委員会方式は国会だけでなく、地方議会でも導入されてきた。富山県議会はその意味で先駆的である。一九六九（昭和四四）年の二月県議会から国会に倣い、予算特別委員会が導入された。前年の一二月に県議会議長に就任した一人の自民党県議、玉生孝久氏（故人）の発案で決まった。

これまで議案は当局との事前審査で実質的に決定し、定例議会が形骸化していた。本会議での議員の質問では再質問が制限され、一方通行で終わることが多かった。

玉生氏は就任あいさつで「議会を刷新したい」と発言、具体策として予算特別委員会の定例議会ごとの設置を提案した。予算特別委で議案を徹底的に討議する。知事が出席し、一問一答の国会形式とする。舞台はひな壇のある議事堂ではなく、大会議室。国会と同じく、双方が同じ目線で向き合うスタイルだ。玉生氏はここでの議論、提起された内容を整理し、常任委員会で整理する仕組みを想定した。同氏は「思い付き、と言われたが、国会の質問形式に魅力を感じており、いつか改革したいと初当選以来、思い続けていた」と後年、語っている。

玉生氏は一〇日後に具体的な試案を示し、各会派に賛同を求めた。社会党など野党会派はすぐ賛成したが、肝心の自民党会派や県当局が難色を示した。野党系議員ばかりが質問に立つのではないか、どんな質問が飛び出すか分からない、と警戒した。だが、若手議員らが一様に議長案に支持を打ち出した。何よりも大きな成果は、予算特別委に知事を引っ張り出すことが可能になったことだ。本会議一般質問は一方通行になりがち。常任委員会に知事は出席しない。やる気のある議員たちにとって、党派を超えた魅力的な議会改革だった。

当時、地方議会では珍しく、初日には地元テレビ局が議会中継し、大会議室の委員会室は傍聴人で溢れた。予算特別委員会を報じた北日本新聞には「答弁を求められた県の部長の前置きが長いため、委員長が『尋ねられたことだけに答えるように』と注意した。これを見聞きした玉生氏はにんまりした」と報じている。議員、議会側が主導権を取り戻したのだ。予算特別委を提案した玉生氏は、後に自民党県連幹事長を務め、衆議院議員に転じている。

予算特別委のシステムは四八年経過しても変わらないが、このごろ、国会同様に特筆すべき論戦があった、と聞かない。意欲的、先進的な議員が居てこそ、議会に生気があふれるのである。

一問一答ではないが、議員の討論について言えば、富山県議会は政策討論委員会を設けている。二〇一七年八月八日付の北日本新聞を開くと、黒部市の国際文化センター・コラーレで開かれた、この政策討論委員会の模様を報じていた。自身、「昔あったけど、今もやっているのか」と、驚いた。今回が一一回目で出前形式の開催は四回目という。テーマは「地域公共交通システムのあり方」。委員会メンバーが地域へ出て、当局の説明の後、議員同士が討論し、お互い政策を深め、県政に反映させる狙いだ。もちろん、傍聴を申し込んだ市民が見守るなかでの討論会である。市民にとって議員の考えや、議員間の相違、問題点などが分かり、普段の議会の光景と違い、刺激的だ。

この委員会開催は二〇〇〇年に設置された。確か、県議会の自民党会派が中心に各会派合意のもと、設置になったと記憶する。この時期、ちょうど地方分権一括法が施行し、富山県知事の中沖豊氏は国に向かって「地方集権」を唱えていた。こうした環境の中で政策討論委員会が生まれた。だが、環境だけではない。このころ、かつて玉生孝久氏が予算特別員会を提唱したように、キーマンがいた。「お互い討論し、政策を磨く議会でありたい」と語る自民党県議らが少なからずいた。

ただ、設置から一八年経つ。一一回目とは情けない。せめて毎年、開催してもらいたい。当時を知る私自身が「今もやっているの」と思うほど、県民には知られていない。こうした先進的な試みをもっとアピールし、進化を遂げたい。

先人らがつくった予算特別委や政策討論委。政務活動費不正事件を乗り越え、議会基本条例をはじめ、討論を磨く、議会改革でも全国の先進的な役割を果たしてもらいたい。

「公約づくり」に魂

「こうやく」と聞いて、政治家の「公約」とピンとくる人はどれほどいるだろう。年配の方なら、体の患部に貼る「膏薬《こうやく》」を想い起こすかもしれない。口約束なら、「口約」だろうか。近年はむしろ、選挙公約よりマニフェストの方が馴染みかもしれないが、このごろは、議員だけでなく政党も、「マニフェストを守っていない」と有権者ばかりか党内外でも批判の的になる、と敬遠気味だ。

三重県知事を務めた北川正恭氏が提唱したマニフェストは当時、流行語大賞に選ばれるほど浸透した。政策の実効性を高めるため、マニフェストに数値目標や財源、期限、達成基準などを明示することは、有権者にとって任期の終わりに政治家を評価する上で有効な手段となり得る。だが、地方政治では住民自治の推進の観点からすれば有効だろうが、現実には市議選で立候補者がマニフェストを発表した、というニュースはあまり聞かない。議員活動にタガをはめられたようで、これを逸脱、あるいは修正となれば、「公約違反」のレッテルを張られる。これが怖いのだ。

とはいえ、市議選で立候補者は公約を発表する。選挙公報が準備されている。例えば、人口減対策や空き家の有効活用、公共交通の充実、地域福祉の支援……。富山市議選なら、議会改革の推進だろうか。この文言だけなら、どの候補者の公約か分からないし、具体性に乏しい。有権者は選択のしようがない。議会改革でも、具体的な文言で示してほしい、と思うだろう。市民の最大の関心事のテーマに対し、抽象的な文言の公約のオンパレードなら、立候補者の資質を疑ってみるべきだ。誰もが掲げるような抽象的な公約、いかようにも解釈できるキャッチフレーズは、有権者へのごまかしにもなり、政策づくりに知恵を絞ろうという政治家の覚悟が見えないのだ。

「議会基本条例の制定を目指す。議員間の討議や政策の立案をする議会、出前議会を地域ごとに開催」等々。あるいは「議員定数を一割削減」「休日や夜間議会の開催」。――こんな具合に、具体的な公約を語ることで真剣さが伝わり、市民には議会へ送り出した後の議員活動が見えやすい。議会報告会の開催時には議員と住民が意見交換できる。議員は住民と公約をテーマに議会での質問や進捗状況などについて突っ込んだやりとりが期待できる。

だが、現実は当選した議員の立場からすれば、公約はあいまいなほうがいい。公約に縛られることなく、当選後、自由に行動できるからだ。公約は本来、有権者との契約だが、結局、議員も有権者も公約自体を軽視してしまう。現に選挙公報に掲げた公約を覚えている有権者はまずいない。自分がどの候補に一票を投じたかさえ忘れている。投票後は議員に白紙委任したかたちになる。地方議員は住民、有権者の「代表」ではなく、「代理」である、と何度も指摘した。公約は「契約書」だ。たとえ、実現できなくても、活動の経過を説明すれば、議員の努力と姿勢が十分、伝わるはずだ。

地方議員は地域の血縁や地縁などしがらみの中で生きている。選挙の選択の物差しはしがらみだ。政治のプロは「選挙は結局、地盤や組織を固めることに尽きる」という。だが、地方分権時代に入り、なおしがらみの政治に埋没していたゆえに、政務活動費の不正の横行を許した。議員が有権者を甘く見ていたのだ。超少子高齢社会、人口減少時代、財政の縮減が続くなか、きずなは大切だが、しがらみでは地方は生き残れない。政策重視とは立候補者が「公約」をきちんと発表し、当選の暁には実行へ向けて努力することだ。その姿を見極める住民が育つかどうかにかかっている。

第５章　扉を開けて

大幅な議員報酬増を図るための強行可決や数々の政務活動費の不正。議会内にこもり、外の空気を遮断した結果、市民の感覚に鈍感になった。

議会改革のポイントは、外の風を議会内に入れることである。風とは、住民を議場に呼ぶことである。単なる傍聴人ではない。議員同士の「議会討論」や委員会などで住民の意見を聞く機会を積極的につくることだ。恐れることなく、前向きに。

もう一つは、議場から出て、外の空気に当たることだ。旧態依然たる議会の開催時間や曜日を、思い切って変えてみる。地域内の施設での議会報告会や出前議会でもいい。変化球を投げて、住民を呼び込むことだ。こうした試みは、一般のサラリーマンや主婦、ボランティア、専門職等々……。地域のさまざまな職種の議員が誕生するチャンスである。当然、議会に厚みが出る。

「我々、ベテランに任せておけ」などと言わずに、改革の扉を開けることで、色々な風が吹き、きっと、新しい時代の、新しい地方議会に生まれ変わるだろう。

1　議場に風を

議員同士の議会を

議会へわざわざ傍聴に出掛けても、議員が語る言葉の意味や趣旨、経緯がよく分からない。資料らしきペーパーもない。県内議会でケーブルテレビやインターネット中継が始まったが、当局と議員が規則的に交互に発言する。討議というよりも、事前に打ち合わせた質問と答弁内容を読み上げるだけである。それでも中継のお陰で議場に足を運ばなくて済むし、公開することで議員たちに緊張感を生み、一定の効果はあるだろう。ただ、議場内の緊張感が伝わらないし、何よりも多くの議員たちが何を考えて、どのような経緯で質問したのか、そのプロセスは不明だ。

これでは議会と住民との間に見ない壁をつくっているようなものだ。いっそのこと、議場を議員同士の自由討論の場に変えた「議会」を試み、公開したらどうだろう。きっと住民にとって、議員の真情と素顔が見え、質問づくりのプロセスが分かりやすいのではないか。さらに自由討議をケーブルテレビやネットで中継すれば、予定通りのやりとりでないため、議会や議員活動に住民の関心が高まる。視聴率のアップ間違いない。――こんな議会光景は夢だろうか。
ひな壇を備えた議場でなくても、大会議室で複数の議員同士が円卓を囲み、あるいは向き合う。テーマを定め、自由討議する議会。もちろん、議長や委員長が行司役を務め、議会として政策の方向性を探る。こんな議会を招集し、果たして開くことが可能ならば、市民と議会がぐっと近くなる。

地方自治法によれば、議会の招集は議会活動をするため、長が一定の期日及び、場所を指定して、議員全員に集合を要求する行為。議員らが勝手に集まって議場に集合し、意思決定をしても無効である。また地方議会の招集権は地方公共団体の長が原則、持っているが、議長または議員定数の四分の一以上の議員が臨時会の招集請求に対し、二〇日以内に長が招集しない時は、例外的に議長が招集権を有するという。

通常の定例会や喫緊の議論を解決するための臨時議会で、さまざまなテーマについて自由討論する議会の開催は厳しいかもしれない。その場合、議会が独自に条例を制定し、その柱の一つに「議員間の自由討議」を盛り込めば、問題ないだろう。定例会のように議場や会議室に首長・行政当局の幹部が勢揃いする必要はない。地方自治法では、首長などは「説明のため議長から出席を求められたときは、議場に出席しなければならない」

（一二一条）とある。議員だけの議会があってもおかしくないのだ。それを拒む法律は見当たらない。

議員間の自由討議は住民側だけの要望ではなく、議員自身も期待することだろう。議員には「発言の自由の原則」がある。議会中、仲間の議員の質問に「なぜそんな質問をするのか」と疑問に思うことだってあるに違いない。その場で別の議員がデータや背景を、質問議員に質せば、議論が深まる。別の機会に同じ趣旨の質問をする必要もない。よく次回の定例会で別のデータを示して、「先の議会（委員会）で○○議員の質問がありましたが……」と前置きし、質問に入るケースがある。どうしても腑に落ちない場合、質問した議員に対してではなく、「関連質問」と称して、当局に自分の意見を述べるしかないのだ。むしろ、嫌味に聞こえ、審議を混乱させたとして「不規則発言」や「野次」扱いにされる心配がある。

「論戦こそ議員の姿」とイメージする者にとって、形式的な今の議事の進め方はまどろっこしい。近年はその反省から、首長が質問した議員に逆質問する「反問権」を認める議会が増えてきた。一歩前進だ。県や市町村議会の会議規則には、「委員会の委員が議題について自由に質疑し、意見を述べることができる」とし、質問、議論の相手を当局に限定していない。

従って、目指す「議員間の討議」は地方自治法や議会規則で規制しているわけでない。単なる各地方議会の「慣例」に過ぎないのだ。

自由討議を実践

全国の地方議会で、議会の理念や責務を定めた議会基本条例を制定する動きが広がっている。別名「議会の憲法」と呼ばれる。全国で初めて議会基本条例をつくったのは北海道栗山町議会。二〇〇六年五月に制定した。地方分権一括法施行から六年後だ。「議会改革のトップランナー」と称され、全国の地方議会関係者の視察が相次ぐ。

今や追いつき追い越せ、と各地の地方議会が制定している。「制定済み」の議会は都道府県が三〇議会で六三・八パーセント(二〇一六年四月現在)、市区が四九・三パーセント(一四年末)、町村が二六・五パーセント(一五年七月)。この一〇年間でざっと七〇〇の議会基本条例が制定された。富山県議会は不正事件を契機にようやく検討に入った。県内一五市町村議会で制定済みは高岡、黒部、小矢部、南砺《なんと》、滑川《なめりかわ》の五つ。射水市議会はこの九月に可決し、砺波市、舟橋村は制定に向け協議中という。不正事件が発覚した富山市議会にはなく、制定に向け全体の動きにはなっていない。

栗山町の議会基本条例は首長と議会の代表機関に加え、自治体の主権者である住民、この三者の関係を整理し、自治の運営方法の基本を明記している。理念をうたい、単に形式的な条文でお茶を濁した議会基本条例が多いなか、栗山町は実効の義務を求めている。

骨子は「議会が市民と交流し、市民の意思を反映させる」「行政機関と首長を監視し、政策を提案する」「議員同士で討論する」。この三つが柱だ。特に注目するのは「議員同士の討論」。議会が議員同士、さまざまなテーマについて討論を重ね、議員提案の条例が増えた。議員の視点で条例化することは、当局に任せきりではない証明だ。条例は明文化が目的ではなく、政策の実効性を高めるためにある。

議会基本条例のもう一つの先進地、福島県会津若松市議会を紹介したい。同議会の条例の特徴は「市民の意見、提言をもとに政策をつくる道具」と規定したことだ。柱は住民との意見交換会、広報広聴委員会による課題の整理、議員間の政策討論会――の三つだ。議員同士の意見をまとめての条例化ではなく、基本は住民発。住民による、住民のために条例なのである。

ふつう議員は個別に市民の要望や陳情を受け付け、仲介して行政に反映させる。これでは口利きやパイプ役として、住民の使い走りになりかねない。議会全体で地域の実情や市域全体の課題を、どう行政に反映し、進めるのか。市長のまち回りのように、首長が一方的に当面する行政の課題を語り、意見があれば受けるという意見交換会ならば、儀式に陥るだけだ。会津若松市議会は意見交換会をベースに、議員間の自由な政策討論を徹底的に行う。住民と共に政策を練り上げまとめる。それをまた住民に説明、意見交換を重ね、行政に反映させる。住民を基軸に議会と行政がサイクルしている。

地方議員は住民の「代理」である。会津若松市議会の有り様は、地方議員の基本を忠実に実践している。地方自治の根幹は住民自治だ。主人公は住民である。このことを実践するために、議会基本法があることを忘れてはいけない。

会派を乗り越えて

国会や地方議会内に会派が存在する。政党ごとの会派があれば、同じ政党でも別々の会派が存在することもある。多人数の会派、二～三人の会派、違う政党が一緒になった会派もある。国会の会派はほぼ政党ごとに分かれており、会派の理念や主義主張が明確だ。その点、地方議会はそうでもない。「自民」と二文字が付いていれば、自民・保守系と分かるが、例えば、新風会や清風会など保守なのか革新系なのか、分かりづらい。主義主張や政策の温度差に限らず、お互いの利害関係、首長擁立時のスタンスの違いから、同じ自民・保守系でも会派が分裂した例は枚挙にいとまがない。

会派とは何だろうか。一般論を言えば、議会内で行動を共にする複数議員の集合体か。地方議会で会派を結成するには、当該議会の条例（規則）に基づき、届けが必要である。二〜三人以上など条件付きもあれば、一人でも会派と認められるケースもある。

なぜ会派をつくるのだろうか。それは、議会をスムーズに運営するためだ。議会には議長や副議長、各常任委員会や特別委員会、議会運営委員会の委員のほか、委員長、副委員長ポストや理事など役職が与えられている。議員全員で話し合って、委員の割り振り、ポストの配分は困難だろう。会派があれば、話を付けやすい。さらに議会での質問、ことに代表質問は基本的に一定以上の数を要する会派の代表が質問する。小さい所帯の会派は会派代表として登壇できない。その場合、一般質問に回るしかない。質問者の数や時間も、会派の人数が影響する。質問時間を確保したい、定例会ごとに質問をしたい——と要望し、割り当てを巡り、攻防が繰り広げられる。いずれにしろ大会派は有利だ。

地方議会は政党政治ではない。国民に直接選ばれた国会議員は、国会の場で議員の中から内閣総理大臣を選ぶ。その際、重要なのは政党だ。多数を占める政党、つまり第一党の党首（国会議員）から選ばれることが多い。かつて、自社さ連立政権のように、少数の社会党党首が総理大臣に就いたケースがあった。国政は政党政治なのだ。選挙戦では、政党が掲げる政策を訴える。従って、国会は政党と政党の戦いである。

一方、地方自治体は首長・行政機関と議会・議事議決機関が対峙する「二元代表制」であり、議会を構成する議員から首長を選出するわけではない。議会と首長・行政機関は対等なのだ。

議会は議員一人ひとりが集まった集合体。議員の総意であっても、最初から議会の総意はない。一人ひとりの議員が背負った支持者、民意に沿って発言し、議会活動をする。どこかの会派に入会した時点で、訴えてきた政策を転換することは有り得ない。地方自治を求める地方議会では、会派の縛りや枠組みに同調する行動はなじまない。

国会では例えば、安保法制や憲法問題を巡り、政党によって賛否が分かれるが、同じ党内でも考え方がさまざまである。最後は「拘束」し、長い物に巻かれるように、賛成や反対の行動をとることが多い。

地方議会にあっては利害関係さえ除けば、「拘束」すべきテーマはそうない。地方や地域の問題、課題に政党やイデオロギーは無縁だ。会派を超えて議論し、協調し、歩み寄ることが可能なテーマがほとんどである。

政党と会派について説明したが、地方議会で「議員間の自由討議」の可能性を考える上で、重要と考えたためである。議員同士が真摯に討議する様子を公開、できればケーブルテレビやネット中継したら、と前述した。討議そして一定の方向性を得るまでのプロセスを住民に明らかにする。賛否を問う必要はない。たとえ意見の相違があっても、住民が理解を深めることができるし、住民にとって最善の結論が出せるはずだ。真面目な議員の存在感を示し、住民の支持が得られるだろう。

議会の定数は議員の成り手不足や平成の大合併を経て、激減した。一方で、地方が抱えるテーマは複雑多岐にわたる。従って、会派間の「自由討議」ではなく、会派の枠を超えた議会の「自由討議」の場をつくりたい。それこそ地域の民主主義の形成にふさわしい。

委員会室に住民を

市議会各常任委員会で委員長は各委員に対し、議案説明の後に採決を促す。最後に陳情や請願についても審査するが、当たり前のように「不採択」または「継続審査」と読み上げる。「採択」となるケースは滅多にない。現役記者時代に議会を担当し、「陳情や請願について、なぜ議論しないのか、関係者を呼び、意見を聞く手立てはないものか」と不思議に思い、「この陳情内容はひょっとしたら、ニュースではないか」

と現場へ走り、住民に聴き、取材したことがあった。

請願の場合、多くの議会は紹介議員が住民に代わって説明している。住民が請願の趣旨説明を希望しても、「来てもらう必要はない」と拒絶する。陳情については関係者の説明の機会さえない。陳情や請願を出す住民と紹介議員との結びつき、紹介議員が与党議員か野党議員かでも、議会での取り扱われ方に差が出る。多くは行政が取り合わないと推察されれば、「不採択」とされ、様子見となれば「継続」案件とされ、たなざらし状態が続く。

住民が役所に陳情しても動かない。そこで議会に事の実情をしたため、訴えることは覚悟がいることだ。議員らも究明が必要と考えれば、関係者を「参考人」として呼ぶことが可能だろう。時々、国会の予算委員会で質問委員が「○○氏らの参考人招致を求めたい」と話すことがある。地方議会にも同様の制度はあるが、〝疑惑解明〟の類はそうない。ただ、参考人制度の活用は「議会が必要と認めた場合」であり、その都度、議会が判断するケースが多く、住民のための制度ではなく、議会の権限を定めたものである。

地方議会では、住民の暮らしの中の切実な要望や提案が多い。陳情や請願は地域でつながりのある一人の議員への要望ではない。議会全体への要望だと、重く受け止めたい。要望書の文面だけで判断せず、じっくり話を聞き、住民と議会をつなぐ好機ととらえたい。

議会での質疑は議員に任せろ、行政の仕組みや予算措置の方法など議員はプロだ、素人がいちいち話さなくても、出来ることと出来ないことが分かっている議員に任せてほしい……。もし、そのような空気が議会内にあるならば、地方議員は住民の「代理」ということを想い起こしたい。現場を一番知っているのは住民に他ならない。その住民に対し、本来、聞くべき耳を有しているのが地方議員である。ならば、陳情や請願を提出した住民らの意見、提案を述べる場を提供したい。

先に紹介した北海道栗山町議会の議会基本条例に住民の思いに応えた条文があった。

――「議会は、請願及び陳情を町民による政策提案と位置づけるとともに、その審議においては、これら提案者の意見を聴く機会を設けなければならない」と定めている。議会は「参考人」として「聞いてあげる、聞いてやる」ではなく、「聞かねばならない」のである。議会の義務であり、住民にとっては権利と位置付けていい。これは住民に「開かれた議会」と言えるだろう。

住民のための「情報公開」

政務活動費不正事件が相次ぎ、全国各地で一般市民や報道機関が情報公開請求した。議員の収支報告書を請求、使い道が正しいか否か、調査するためだった。ところが、議会事務局の職員が公開を求めた報道機関の社名や記者名、請求内容まで事もあろうに、対象の議員に情報を流したのだ。富山市議会で情報漏えいが発覚し、全国各地の地方議会事務局でも相次いで同様のケースが明らかになった。

富山市議会の場合、政務活動費の不正が明るみに出る前に、富山県内の民放チューリップテレビが同議会の収支報告書資料を情報公開請求した事実を、議会事務局の職員が当時の自民党会派会長ら市議二人に漏らした。この市議らは、記者に資料が渡ると印刷業者から白紙の領収書をもらい不正請求していたことがバレるため、業者に対し、不正を隠す「口裏合わせ」を依頼した。こうした漏えいはこれまで何度もあったという。

しかも、市職員は、自民党会派が情報公開を気にしているだろうと、実際に開示した報告書のコピー数枚を控室に届けた。市民のための「情報公開」どころか「情報隠し」に加担していたのである。このほか、富山市教育委員会は、市議が市政報告会を開いていたとされる市内地区センターの利用実績について、テレビ局が実績の有無を調べるため、情報公開請求したことを、議会事務局に連絡、しかも請求文書のコピーも渡していたのだ。

類似のケースは各地で起きていた。例えば、徳島県小松島市では、市民団体が政務活動費の収支報告書の閲覧申請をした際、団体名と代表者名を全市議一七人に一斉メール送信した。また川崎市や長野県諏訪市や茅野市議会でも、地元の報道機関などが情報公開請求したことを議員側に漏えいしたことが発覚した。

こうした情報漏えい行為は、公務員の守秘義務違反であることは言うまでもない。ただ単純に行政情報を漏らすという、違反では済まされない。報道機関や住民が「知る権利」のもと、制度として情報公開請求したことを、議員を慮り横流ししたのだ。

地方議会の事務局は、基本的に議員の調査研究、視察など議会活動をバックアップする組織だ。戦前までこうした組織はなく、自治体行政部局の職員が兼務していた。戦後、地方自治法が制定され、議会と首長・行政当局は対等であるという観点から議会事務局を設置した自治体が多い。事務局長や事務職員は役所が採用した職員であり、人事権は首長にある。事務局の職務は基本的に円滑な議会運営や議員が働きやすいよう努めることである。

従って、議員と事務局職員は他の部局職員と違い、日常的に接触する。職員は議員に嫌われぬよう忖度《そんたく》し、さまざまな情報提供やアドバイスする関係。漏えいを生んだ背景にこうした〝癒着の風土〟があったと推察する。

しかし、議員のバックには住民がいることを忘れてはいけない。情報公開は住民のために制定された法律、制度なのだ。たとえ、議員に不利に作用する内容であっても、住民にとって必要な情報だと、認識したい。「うっかり」とか「議員が気にしているだろうと気を使った」などを理由にした単純ミスではない。

情報公開制度は、国民や住民の信託を受けた行政側が公明公正な行政運営を遂行しているか、重大な過失はないのか等々を評価するためにある。さらに住民が制度を使いやすいよう、議会側が常に点検、場合によって条例の修正を図るのが務めである。同時に議会は議事・議決権を有し、見方によって、権限は首長・行政機関に勝る。議会、議員に住民の厳しい目が注がれていることを、職員は忘れてはいけない。

情報公開制度とその運用は民主主義の成熟度を示す、リトマス紙である。

住民と議員、議場で討論を

地方行政や地方政治への住民参加（参画）が語られて久しい。かつて地方分権時代に向け、市民の実践や行政への提案、行政と住民の協働社会などさまざまな形態が導入された。市民自身の自治意識、住民自治に対する意識が芽生えた。

政策決定にあたり、首長や行政当局内部での決定から外部委員による審議会や協議会、検討委員会などに諮問や検討を委託する手法が一般化している。例えば、長期的なまちづくり計画、総合計画などは有識者だけでなく、住民の各層から委嘱された委員が協議、意見交換してまとめ、首長に諮問や提案するケースである。首長・行政側が役所から出て、住民の声を聴く場を設けたのだ。

一方でこうしたスタイル、組織は行政側の方向性を追認し、住民の総意を受けて出来上がった、「決定」「結論」というお墨付きを得るための、〝隠れミノ〟との批判がある。むしろ、住民の「代理者」の集合体である議会との論戦を避け、時には喫緊の課題解決のため、急ごしらえの検討会や協議会に委ね、決定してしまう危惧さえある。

良し悪しはあれ、首長・行政機関が住民の声を聞きたいと、住民の行政への参加を推進したことは間違いない。首長は住民・有権者に直接選挙で選ばれている。しかし、全てを白紙委任されたわけではない。現状は首長の方が住民との関係性において、聞く耳を持っている。

一方の議会の方はどうだろう。議会側が住民の声を聞こうと思えば、個々の議員報告会や全体で出前議会なるものを地域で開くことが考えられる。それはそれで意義があるが、議場に住民を招き、討議することが可能だろうか。傍聴は当局と議員の質疑応答を黙って聞くだけだ。発言は許されない。議場を使って、議員側と住民側が向き合い、さまざまなテーマについて討議する「議会」が可能かどうか。調べたら、この章で紹介した北海道栗山町議会で実践していた。その名は「一般会議」という。

栗山町の議会基本条例で、本会議や委員会以外に「一般会議」という会議を正式に設置していた。町民は議場の執行部席や議員席に座り、議員らと討議する。通常の議会と異なり、議案について審議し、賛否を問うものではない。あくまで議場を使った会議であるが、議会が住民の声を聴くだけでなく、逆に住民は支持する議員以外の議員の考えを知ることができる。お互いの討議がそれを可能にしたのだ。

栗山町の事例を挙げ、千葉県我孫子市で市議や市長を務めた福嶋浩彦氏がその体験に基づいて、著書『市民自治――みんなの意思で行政を動かし自らの手で地域をつくる』で「議会は自治体の意思決定機関。その一番大事な決定の場にこそ、市民が参加しなくてはならない」と説いている。確かに議員は個々に支持者の声を聞き、それをバックに議会の場で討議、意思表示する。だが、テーマによって、会派の統一方針や他の会派の考え方や、あるいは首長の考えに共鳴し、選挙中に約束した意思と変化することがある。地方議員は「代理」という考えに基づけば、「勝手な変更は契約違反でないか」と、指摘される。

しかし、個々の議員が議会内での自由討議を経て認識を深め、地域の声を超え、住民全体の立場で考え方を修正することがあろう。住民側も同じことが言える。普段、異なる地域の議員の考え、意見を聴くチャンスは案外少ない。それを解消し、幅広く議員の考えを聞く場が「一般議会」だ。議員自身も自分の支持者でない住民と、公式の場で向き合い、討議することは貴重であり、広い視野で考えるチャンスである。福嶋氏は「議会への市民参加とは、市民が議会の正式な会議に出席して、議員と侃侃諤諤の議論をすることだ」と述べる。

2　あなたも議員になれる

休日、土曜、夜間議会開催で

近年、議会改革の一環で、土日曜日や夜間の議会の開催や、検討を始めた地方議会がある。通年ではなく、不定期の試みが多い。富山県の旧大沢野町議会の実践例を紹介したが、県内の滑川市議会が二〇一七年三月、一日だけの土曜議会を実践した。議会は普通、平日の日中に開く。平日はサラリーマンはもちろん、日中何かと忙しく、議会に足を運ぶことをためらう。現在、議員職に就いている人は、日中の仕事のやり繰りがつき、ある意味では恵まれた人たちだ。休日なら傍聴に議場へ足を運びやすく、議会への関心が高まるだろう。さまざまな層の傍聴者に議会審議を見てもらいたい。――休日・土曜、夜間議会開催には、そんな狙いがある。

もう一つ狙いがあるとすれば、議員の成り手のハードルを下げるためだ。無投票選挙が目立ち、議員の成り手が不足しているという。これを解消するため、富山市議会は自民党会派が中心に議員報酬の大幅増額を図ろうとしたが、一気に一〇万円増は市民感覚からずれている、と反対に遭った。報酬は一つの誘導策だろうが、お金だけでいい人材が集まるとは限らない。むしろ、「地域のため、住民の幸せのため、働きたい」という意欲、行動力のある人に議員を託したい。そのための環境づくりが重要である。

地方議員は、非常勤の特別公務員と規定されている。報酬額は議会日数や当該の県や市町村の人口、財政規模が目安で全国ほぼ横並びだ。「一カ月の報酬額六〇万円では生活できない」と、富山市議が窮状を訴えたが、本当にそうだろうか。議員として選挙区内の冠婚葬祭に関する費用や政治活動の類の会合費、遊興費の出費が大きいのではないか。全て否定はしないが、純粋に政務活動とはほど遠い費目もある。新年会などさまざまな会合への顔出しに伴う酒代、議員後援会のゴルフ会、弔電や香典など有権者側から廃止を求め、議会で申し合わせしたい。諸々の経費を排し、差し引けば、十分生活できるはずだ。富山市議は一般の勤労者所得と比べれば、むしろ高いくらいだ。

成り手の解消のためではなく、働きながらやる気のあるサラリーマンをはじめ主婦や若い世代、会社を退職した高齢者、専門職など多様な職種の経験者や現役を議会へ送り出す環境づくりが必要だ。今の現職議員の職種は限られている。主に農業や自営業、会社役員、団体や政党役員である。純粋な会社員は少ない。また近年、さまざまなボランティア団体があり、熱心な住民が多い。社会経験が豊富で、奉仕活動の担い手もふさわしい。今まで経験したことのない風が議会に吹くかもしれない。

幅広い職種の議員が集えば、多様な現場を知る人材が揃う議会になる。首長・行政側と対峙する議員層に厚みが出る。傍聴人も増えるだろう。

日本にはアメリカのように、週末の夕刻に議会開催する地方議会はほとんどない。議員は基本的にボランティアだ。政治風土、歴史が異なるため、一足飛びにアメリカ型への移行は困難だろうが、就労者の大部分を占めるサラリーマン抜きの議会は、とても民意を反映した議会にはなり得ない。収入と時間に余裕がないと地方議員にはなれないのだ。

少しでも門戸を開放し、議会を活性化するための休日・土曜、夜間議会や通年議会は、実践する価値はある。ただ現在の年間四回の定例会全てを土日曜日や夜間開催は難しい。さまざまな議会様式を試み、住民に公開することで議会の在り方について住民の要望を受け、改革を進めたい。

専業議員の功罪

会社などに勤める給与所得者が議員を兼ねることは極めて厳しい。二〇一五年の全国市議会議長会「議会の在り方研究会」の調査によると、市会議員で専業議員の人は二〇〇八年の三〇・八パーセントから二〇一一年の三三・九パーセントに増加している。農林漁業の第一次産業に従事する市議は同じ四年間で一七・七パーセントから一五・三パーセントに減少した。単純に議員報酬のみの所得なのか不明だが、仮にそうだとすれば、六〇万円の富山市議の場合、専業議員でも大丈夫でなかろうか。

一方、県議の場合、専業議員はほぼ半分が占める。報酬額が専従できる額を保障し、かつボーナスや政務活動費などは市町村に比べ、格段に恵まれている。

市町村議員全体を見た場合、専従議員は少数派であることは間違いない。サラリーマン議員を支援する手立てはないのか、北日本新聞で小矢部市議会の一人の「会社員議員」を紹介していた。この男性議員（五二）は副議長職も務め、市内の運送会社の契約社員。週五日勤務、午前午後の一日計五時間半、働く。子どもが三人いる。体力的な負担が大きいが、議員は「報酬だけでは生活できない。議員の世界はある意味、閉ざされている。仕事をしていると世界が広がり、色々な話が聞ける。専業よりいい」と語る。

かつて会社勤めをしながら、上市町議を経験した男性（七〇）は振り返り、「他の人に迷惑をかけられないので、がむしゃらに働いた。大変だったが、働く仲間の声を聞けたことは議員の仕事に役立った」と話した。

議員の職業は農業、会社役員、自営業がほとんどだ。サラリーマンや主婦、専門職など多様な職業や立場の人が少ない。サラリーマンは職業の七〜八割だろう。都会であれ、地方であれ、いまや傾向は同じだ。地方では今、教育や介護、福祉、環境などが大きなテーマだ。これらは同時にサラリーマン家庭が直面しているテーマでもある。そうした人たちの声を反映した政策を生み出す時、余裕のある専業議員もさることながら、働く人々をいかに議会人として働きやすくするかが、カギだろう。その場合、「働きながらの議員」になるために、職場の支援やそうした企業への支援策などが必要である。それらを検討する時代に入った。

政務活動費不正の発覚で富山市議会は補欠選挙に追い込まれた。新人が大勢出馬し、当選した新人議員らは「長い議員生活の人の方が厳しいルールになったと言うが、これは当たり前のことなのです」という。世間の空気から遮断された世界にいる限り、専業議員は地方政治の専門家になり得るが、逆に弊害を生み出す危険がある。功罪相半ばなのだ。

女性議員を議会の半数に

男女共同参画推進法が施行されて久しい。「政治分野における男女共同参画の推進に関わる法律」案が二〇一七年六月、終盤国会の混乱で継続審議となった。陽の目を見なかったが、法案の内容と経過を紹介したい。

企業や各種団体を中心に女性の職場や地域社会への進出、活躍が目立つ。「さて政治の分野は?」と調べれば、さっぱり。富山県議には三人、富山市議は四人。ただし、四月の富山市議本選に過去最多の女性八人が立候補、四人が涙をのんだ。近隣の市町村議会の女性議員を探すのに苦労する。

女性の国会議員は衆議院で四四人(九・三パーセント)、参議院で五〇人(二〇・七パーセント。いずれも二〇一七年一月現在)。世界を見渡せば、国際機関の「列国議会同盟」の調査では、二〇一七年一月の下院(日本では衆議院)で調査対象国一九三国のうち、日本は一六三番目。先進国・日本だが、この分野では後進国だ。都道府県議の女性議員も、二〇一五年で一〇パーセントにも満たないという。このまま手をこまねいておれば、現状のままだろう。

何しろ、日本の政治の世界は強固な男性社会。しかも、当選回数がものをいう縦社会。

日本の議員について国会でわざわざ「政治分野における――」と限定の法案を出さざるを得ないのである。この法律は衆参両院と地方議会選挙で「男女の候補者の数ができる限り均等となることを目指す」と規定、政党に対し女性候補者の擁立を促す内容になっている。

ポイントは候補者の数を「均等」としたことだ。野党が「同数」としたが、自民が具体的なラインを拒み、「均等」と主張した。最終的に野党が歩み寄り、超党派で「均等」に落ちついた。「均等」を目指すためには「政党やその他の政治団体は、男女それぞれの候補者の数について目標を定めるなど、自主的に取り組むよう努める」としている。今後、努力義務を課せられた各党がどれだけ真摯に取り組むのかが、問われることになる。

私が注目する内容は「政治分野の男女共同参画の推進は、男女が性別に関わりなく、相互の協力と社会の支援の下、公選による公職としての活動と家庭生活の円滑かつ継続的な両立が可能となることを旨とし、行われなければならない」である。

言い回しは難しいが、こういうことだろうか。「家庭の仕事は女性、妻に」と、男性は議会人である女性、妻に押し付けてはいけない。家庭生活と議員活動が両立できるよう、社会はもちろん、議会の協力を求めている。ことに、地方議員の活動は酒やゴルフ、日夜の会合への顔出しなどに忙しい。有権者には男性を前提に、議員に求める慣習が根付いている。女性議員に同様なことを求めても不可能だろう。まして、共働きであっても、家事はむろん、子育てや介護などを女性に押しつけてきたことは否めない。今日、若い世代を中心に改善され、また企業の支援も拡大しつつある。こうしたなか、議会活動においても、社会や家庭の支援を明文化した意義は大きい。

女性が議会の半分、あるいはそれ以上を占める時代が到来するのか、分からない。だが、「均等」に向け、実効性が高まれば、今の「男社会」の議会では動かない、例えば、休日・土曜、夜間議会に留まらず、ボランティアの導入、会期の改変など議会システムに大きな変革をもたらす可能性がある。もちろん、女性の視点の暮らしとまちづくり、市民サービス内容等々、予算編成にも影響を及ぼすことは間違いない。

富山県で初の女性県議が登場したのは一九四七（昭和二二）年の選挙だった。岩渕正さん、三八歳。当時の氷見郡（現在氷見市）選挙区（定数三）で出馬、県内最高の一万四一六票を得た。「のびやかな文化富山県」を公約に掲げた。任期中は婦人と幼児問題に地道に取り組んだ。現在の女性県議はたったの三人だ。これまで一人やゼロが続いた。男女共同参画推進法とはほど遠い富山県議会である。

国、地方政治の議会改革や政治改革の〝特効薬〟は、女性議員の進出ではなかろうか。

第6章　住民主人公の「議会・首長」代表制

「二元代表制」という言葉がある。首長・行政機関と議会・議決機関との関係をさしている。二〇一六年、東京都の舛添要一知事の辞任劇、小池百合子知事の登場。両氏と都議会との癒着や対立が時々ニュースで取り上げられた。共に住民の直接選挙で選ばれた首長と議員。両者は対等という位置づけで地方行政、地方自治が動く。地方議会、地方議員は首長と並び、地方自治の中心であり、その議員を支えるのが地方自治の主人公、住民なのだ。

小池百合子知事は「都政は、誰がどこで決めているのか分からない」と語った。本来は議会が首長・行政機関の提案を受け議論し、問題点が明らかになれば、首長に修正を促し、時に追及し、最終的に議決する。知事のカネを巡る疑惑や築地市場から豊洲への移転を巡り、議会と都側が紛糾した。これまで知事と議会が代表制の一翼を担い、責任を果たそうとしなかった。

富山市議会議員が政務活動費の不正にまみれ、議会が機能喪失状態に陥り、二元代表制が機能していないことを露呈した。住民は名ばかりの政務活動報告に異議を唱えず、任せ切りだった。主体的な住民が居て初めて、二元代表制が機能すると学んだ。人口減少時代、縮む地域社会で地方議員と住民はどうすべきか、具体的に考えてみた。

1　危うい東京都政・議会に学ぶ

「都政は、誰がどこで決めているのか」

小池百合子氏は東京都知事選挙前から石原慎太郎、舛添要一氏ら元・前知事時代に推進した東京オリンピック・パラリンピックの施設建設費や築地市場の豊洲への移転経過などを巡り、「不透明だ」として批判した。その核心は「都政は、誰がどこで決めているのか分からない」であった。知事・都執行部と都議会が、都民の見えないところ、つまり小池氏の言う「ブラックボックス」で、重要なことを決めていたのではないか、と言うのだ。小池氏は知事に就任したら、その疑念を解明し都政を正常化したい、と訴えた。

標的にしたのが都知事・執行部と関係を深めた、自民党都連・都議会自民党会派であり、ボスと称される内田茂都連幹事長だった。小池氏は選挙戦で自民党籍を有しながらも、自民党都連の全面的なバックアップを受けた増田寛也候補（元総務相、元岩手県知事）、ジャーナリストで民進党など野党推薦の鳥越俊太郎氏に圧勝した。無党派層ばかりか、多くの自民党支持者の票も小池氏に流れた。

政党組織の支援を受けた増田、鳥越両氏とは対照的に、小池氏の選挙戦略は「政党の支援を受けない」ということを逆手にとり、「都民ファースト」を掲げ、群集の中に入り訴えた。「敵」を明確に定め、都民の圧倒的多数を味方につけたのだ。選挙戦の勢いそのまま、都民をバックに「敵」が潜む「ブラックボックス」に切り込んだ。「敵」は自民党都連の〝ドン〟、イコール「都政のドン」と小池氏は位置づけた。歴代の都知事と相対する議会の中心・自民党会派のドンが都政を牛耳っていた、と小池氏は認識し、そこで行われていた実態を解明することが自分の使命と標榜していた。

想い起こすのは二〇一六年七月三一日、小池氏が記者会見で発表した選挙公約の一番目に掲げた「都議会冒頭解散」。唐突な発言に「そんなことが出来るの？」といぶかる人がいたに違いない。私も、あらためて「解散」について地方自治法をめくった。

内閣総理大臣は衆議院本会議開会の冒頭に解散できるが、地方議会で知事など首長が議会の冒頭、解散する権限はない。小池氏は多分、「冒頭解散はできない」と承知していただろうが、あえて公約に掲げたのは、議会への一種の〝脅し〟と〝挑発〟と推察する。知事が都議会を招集した際、自民党会派など多数派が小池知事に対し、不信任決議を突き付けたら、直ちに「議会を解散しますよ」と意思表示した。先手を打ったのだ。もちろん、地方自治法では、首長が議会を解散できるのは、議会が首長に対し、不信任議決した場合に限られていることは承知の上である。

小池氏は選挙で圧勝し、東京都庁に乗り込んだ。小池知事は強力な発信力を持つ最高責任者であることは間違いないが、公約を実現するためには、議会の承認が不可欠だ。それこそ反対され、次々と否決の矢を浴びれば、都政運営は立ち行かないだろう。知事と議会は対峙し、時に反対に遭おうが、最終的には修正や歩み寄り、それこそ都民目線で決定、決着していくのが全うな在り方である。

小池氏知事就任時の都議会の会派構成は、自民党六〇人、公明党二三人、共産党一七人、都議会民進党一四人、民進党都議団四人、かがやけTｏｋｙｏ三人、生活者ネットワーク三人、無所属三人の合計一二七人だった。前知事を支持したいわゆる与党が圧倒的多数を占めていた。小池知事に対し、選挙戦の構図で言えば、大多数の与党が野党に回るわけだ。

地方議会は首長にとって、与党と野党の力関係の中で動くものなのか。首長も議会も、共に有権者から直接、選ばれた権力者・権力機関である。地方政治、地方自治は二元代表制と呼ばれるゆえんがここにある。だが、知事・都執行部は議会与党や与党の〝ドン〟を頼り、二元代表制が機能しなかったため、小池氏は「都政は、誰がどこで決めているのか分からない」と都民に投げ掛けたと、私は思っていた。

地方議会は国会のミニ版？

小池与党には今のところ、会派で何人いるとか、野党は何人だが、○○党・会派は政治姿勢、東京大改革を評価し、与党へ移行か等々——といった報道を見聞きする。国会での与野党攻防ならいざ知らず、地方議会での与党、野党の存在や呼び方は一体、どういうことなのだろう。

日本の国政は議院内閣制である。国権の最高機関は国会であり、国会で多数を得た政党や勢力から内閣総理大臣を出し、内閣を構成する。政府を支えるのが与党だ。よく政府与党と言う。対する野党は、国会審議などで政府与党を厳しく追及し、政権の奪取を目指す。国政は与野党が政策を競うシステムである。国会は、行政府のトップを指名する一元代表制だ。ゆえに国会は国権の最高機関と規定され、そこで論戦を戦わすため、「言論の府」とも呼ばれる。間違ってはいけない。総理大臣は決して立法府、国会の代表ではなく、議長がその任なのだ。

一方、地方自治はどうか。幾度も述べているが、市区長や町村長、都道府県知事は執行機関、行政府の長だ。地方自治法では住民が首長を直接選び、一方、住民が別の直接選挙で選んだ議員で構成するのが、議会・議事機関だ。首長・執行機関と議会・議事機関は対抗するかたちが二元代表制である。首長は直接選ばれるトップであり、米国のように国民から選ばれる大統領と似ているため、日本の首長制は「大統領制」とも呼ばれる。議会の多数派勢力から首長を出しているわけではない。

地方議会でも「小池与党」や「野党会派」と呼び、マスコミもそう報道する。システムが似た国会のミニ版が都道府県議会や市区町村議会だ、と勘違いしているためだろうか。あるいは首長と同じ党籍や主義主張の会派・グループを、与党と称しているのか。現実に議案の賛否に際し、会派が議員に縛りをかけ、議員一人ひとりの考えや判断を拘束することがある。日本の地方議会では、同じ控室に居るだけで、当たり前になっている。

本来、二元代表制ならば、議会は首長・行政執行機関を監視、点検、調査するのが務めだ。多数派が首長に対し、与党や野党という意識を持ち、行動するのは二元代表制の主旨に忠実ではない。議会は会派の別なく、常に〝野党的〟であるべきだろう。何でも反対の「万年野党」ではなく、言うべき時には言い、協調すべきところで折り合いをつける、〝物申す存在〟である。

与野党の色分けを招いた原因は、マスコミ報道にもあることを自戒するが、首長の擁立時に起因する、と考える。首長候補は立候補に際し、たとえ自民党籍があっても「無所属」出馬が多い。政権野党の党籍で出馬する候補者も同じことが言える。それがそのまま、与野党という会派勢力図が描かれる原因だろう。近年、東京都を筆頭に都道府県知事選挙や市長選挙、東京都議会議員選挙など地方選挙の勝敗が国政にモロに影響する。擁立時には政党が関わり、議会内の与党、野党の表記も、それに影響されているようだ。

首長の権限は大きい。しかし、執行するには議会の賛成議決が必要だ。首長与党が大きな勢力であっても、甘く見てはいけない。とりわけ、〝ドン〟や〝ボス〟と呼ばれる議員に気を使い、「イエス」や「了解」をもらわないと動かない。与党会派と首長が蜜月関係を築き、会派議員が首長・行政側から利益誘導を図る。——こんな構図の中、東京都議会の与党と称した自民党会派は監視の権限を放棄し、正すべきことを正さなかったのだろう。「都政は、誰がどこで決めているのか分からない」まま、ブラックボックス化が進んだのである。

審議素通りの豊洲移転

築地から豊洲へ市場の移転が確定し、開場を控えていたころ、東京都知事選挙がスタートした。東京オリンピック・パラリンピックや待機児童の解消、防災対策のほか、豊洲へ市場移転すべきか否かが、大きな争点の一つに浮上した。

東京都民は豊洲移転の問題を承知していたかもしれないが、私を含む一般の国民にとって、「なぜ今、問題なのか」と解せなかった。新聞やテレビでの候補者インタビューで市場移転・見直しの是非を問うていた。主要三候補とも慎重な言い回しだった。とりわけ小池氏は「立ち止まって考える」と明言していた。事と次第によって「中止」もあり得るのか、と想像した。同時に一九九五年、建設途上の「東京都市博」の中止を公約に掲げ、実際に実行した青島幸男知事を想い起こした。

もし、舛添要一知事が在任のままなら恐らく豊洲市場は予定通り、二〇一六年一一月に移転しただろう。なぜなら、既定路線のように事が進んでおり、反対派や慎重派はいたが、市場関係者は店舗の移転や設備の購入、従業員の確保、物流・輸送態勢の見直しに奔走していた。そこへ舛添知事の辞任に伴う、都知事選である。市場関係者の間にくすぶっていた疑問や不安の声が噴出し、選挙の争点になった。誰が知事に就任しようが、就任後の大きなテーマになることは間違いなかった。

ことに小池氏は「立ち止まって考える」と表明し、結論を棚上げし、関係者のヒアリングや土壌調査の結果、異常に高い数値や盛り土問題が浮上、東京ガスの工場跡地を都が購入した経緯など不明な点が続出した。

そもそも、豊洲市場への移転は、いつどこで誰が決定したのか。もちろん、当時の知事や都執行部、土地所有者である東京ガスなど内部的な、いわゆる水面下の交渉、決定に伴う経過報告の公表――等々、都議会で議論があった。

ただ、こうしたプロセスは不明だが、都は少なくとも、どこかの時点で、最終決定を都民に明らかにしていたはずだ。都は二〇一六年三月、東京都議会に「東京都中央卸売市場条例の一部を改正する条例」案を提出、議決された。当然、築地市場を廃止し、豊洲への移転を規定してある。都当局が条例案をいきなり議会に提出することはない。マスコミへの説明もあっただろう。それこそ議会関係者、各会派の根回しが行われていたはずだ。

「築地市場の卸売業者は理解しているのか」「土壌汚染はないのか」「どのような対策が講じてあるのか」、さらには「慎重な意見の関係者から直接、話を聴く機会を設けたのか」等々――議員と当局の間にやりとりがあったかどうか分からないが、賛成多数で議決した。

「豊洲への移転の是非を問うべきは、都知事選ではなく、実は三月の都議会だった」と、元鳥取県知事の片山善博氏が、月刊誌『ガバナンス』（二〇一六年九月号）で議会の責任を指摘している。

「議会は決定機関である。決定するとは、単に数の多さに頼って多数決で決めることではない。多くの異論や反論があるなかで、議論を通じてできる限りそれらを収斂させ、場合によっては多数派が譲歩ないし、妥協することによって合意に達することを理想とする」と原則論を述べた上で、マスコミや東京都議会の問題点を指摘する。「(マスコミは)審議の中で、決定権を持っている都議会議員たちに移転の是非について真剣に尋ねるべきではなかったか。議会が関係者から公の場で意見を聴いていないのであれば、公聴会や参考人質疑をなぜ開かないのかと尋ねることも有益だっただろう。そうした情報がマスコミを通じて都民に伝えられていれば、市場移転問題に向けられる都民の注目と関心はもっと強かったに違いない」

議案提出に先立ち、報道関係者に発表、資料が渡されていたという。豊洲移転を巡り、異論反論はあったが、都議会は議会の権限や制度を積極的に活用し、意見聴取や当局への資料提出など説明を怠った、と言わざるを得ない。都と議会の馴れ合いのなか、くすぶる疑問点を一切、不問にしたのだろうか。そして、二〇一七年三月、議会は百条員会を設置、石原元知事や元幹部を証人喚問したのだ。

百条委の設置は遅すぎた

百条委員会（百条委）は地方議会が議決により、設置する特別委員会の一つである。地方自治法第一〇〇条に基づくため、「百条委」と呼ばれる。都議会は二〇一三年、猪瀬直樹知事が徳洲会グループから現金五〇〇〇万円を受け取っていた件について、百条委の設置を決定した。猪瀬氏は百条委での喚問を待たずして、知事を辞任した。国民は、地方議会が設置する百条委の存在を知る一件だった。

百条委は地方自治体の事務に関する調査を行い、証人として関係者の聞き取りや、記録の提出を請求、拒否した者には罰則が科せられる。ふつう首長や職員、議員、自治体に関わる民間人の疑惑、あるいは不祥事の深層を究明するため、開かれる。関係者の出頭や証言、資料の提出を請求し、調査権限を持つ。尋問に対し、正当な理由もなく、証言の拒否、虚偽の証言は禁固刑や罰金刑など罰則がある。国会では議院証言法に基づき、証人喚問制度があり、百条委でも同様に証人は署名、捺印、宣誓の読み上げが求められている。

豊洲への移転について、都議会で条例案が議決していたが、その後、都知事選の争点に浮上、石原知事の下で、なぜ土壌汚染にまみれた東京ガスの工場跡地に、都が移転を決めたのか。不可解なことが多く、かつて疑惑の究明を怠った自民党会派も百条委の設置に賛成、尋問をする側に回った。「究明を無視していては、近づく都議選は戦えない」と判断したのだ。

百条委の審議が進み、新たな事実が分かってきた。例えば、東京ガスは環境基準の一五〇〇倍のベンゼンが市場の移転用地から検出された、と公表。東京ガスが対策工事をした後も、汚染が残るであろうことを伝えたものの、都は都議会などに「支障はない」と、安全性を繰り返していた。しかも、東京ガスによる土壌処理が終わった後の対策費は、都民の税金八六〇億円を投入していた。

都は市場移転に伴う、予算はもとより食の安全、都民の健康、市場の利用者など、最も大切にすべき「安全安心」を度外視してきたことが見える。東京都の対応に歩調を合わせてきたのが、都民の「代理」として監視すべき都議会だが、監視の目を光らせることはなかった。

当時の石原慎太郎知事は既に記者会見で「専門家が決めた」「側近に一任した」「豊洲移転は私が知事に就任する以前からの既定路線」と言い放った。石原氏個人にとって市場問題は「小さな事項」かもしれないが、一三〇〇万人の都民サイドに立てば、極めて重大な政策の一つだ。知事も都庁幹部も、豊洲移転問題を都民のいのちや健康、暮らしの視点からではなく、「政治的な事柄」として扱い、いかにも雑に扱っているように見える。

百条委に基づき、事態の検証、関係者の責任問題に発展するが、あまりにも遅い設置であった。それも議会と知事と行政当局とが馴れ合い、見えないところでの決定がまかり通っていたためだ。

根回しの果て

「都政は、誰がどこで決めているのか分からない」――小池氏がこれまでの東京都政に突き付けた疑問符であり、改革のキャッチフレーズだった。東京オリンピック・パラリンピックの予算規模、特に築地から豊洲への市場移転の経緯について、七月の都知事誕生から年が変わっても、終息しない。豊洲移転の可否は、なかなか決着がつかなかった。七月の都議選を前に小池知事は、築地と豊洲の併用案を示すも、具体策が見えない。小池氏の政治的戦略が働いたのだろうが、結果的に都民や市場関係者から、「放置状態」と批判の声が出てもおかしくない。

それこそ、小池氏が語る決定のプロセスが闇の中だったからだ。事態は十数年前にさかのぼるが、当のトップも記憶がおぼろげ、「側近に一任」「専門家に任せていた」ためだ。専門家は建築や環境問題に詳しい、技術者や科学者を指してのことだろう。だが、それを理解し判断するのが側近と呼ばれた行政幹部であり、最終的に決断するのが行政のトップ・知事に他ならない。一連の判断を「側近に一任」となれば、自ら「裸の王様」であったことを認めたのも同然だ。

一般的に首長は部下の報告に対し、疑問点を質し、再調査や再検討を求める。部下は分厚い資料、調査結果資料を付けて説明することが多い。予算規模の小さい地方自治体は十万円単位、百万円の予算事業一つでも、「任せた」というわけにいかない。住民の暮らしに直結するだけに予算は「生きた金」でなければならない。石原都政では、こうした基本的な動作が省かれ、都知事をスルーし、議会与党や〝ドン〟への報告、事前承認で済んでいたのだろう。

東京ガス工場の跡地の環境について、都はわざわざ土壌汚染を公表する前、「東京ガスが適切に処理する。市場用地として支障はない」と、都議会に「安全」を繰り返していた。その上で、土地の適正価格、高い価格での売却を示唆していた。

東京都は巨大都市とはいえ、地方自治法に基づく自治体であることを忘れてはいけない。地方政治において、知事は特別職で行政機関のリーダーであると同時に、有権者から直接選ばれた政治家だ。独任の首長・知事は職員の情報に頼るだけでなく、政治家として判断を下す立場にある。絶対的な権力保持者だ。対する議員も政治家であるが、議員一人の権限は限られている。議員の集合体「議会」として初めて権限を持ち、首長に対抗できる。

豊洲移転について、行政機関のトップである知事は、議会や都民に経緯を明らかにし、承認を得て初めて、移転に「ゴーサイン」が出る。その節目が「東京都中央卸売市場条例の一部を改正する条例」案が議会に提出された時だった。だが、役人が議会のボスの了解を取り付け、知事与党の数の力で難なく議決された。

豊洲市場を巡る数々の疑惑は、地方自治体の当局と議会の関係「根回し政治」の究極の果てに噴き出したのである。

都民と議会のはざまで

地方議会は国会と違い、政党が全面的に出る政治は馴染まないと、前述した。議員はそれぞれ直接、有権者から選ばれているためである。

例えば、主要政党が首長候補を擁立し、選挙で当選すれば、与党会派となる。議会運営は安定し、首長と議会は蜜月関係を築く。首長・執行機関は当然、審議事項やハードルの高い議題などは事前に説明、理解を求める。与党会派に予告なしに提案し、反対されれば、「聞いていない」と議会運営は立ち行かなくなるだろう。同時に与党会派や所属する議員は、日常的にさまざまな要望を出し、当局は極力受け入れる。持ちつ持たれつの関係だ。

その結果、行きすぎた根回し政治が常態化し、首長・議会とも、住民と向き合うことをいつの間にか忘れてしまう。舛添要一東京都知事時代、ご多分に漏れず、こうした構図が不正を生み、「都政はブラックボックス」と小池百合子知事は批判した。

小池知事は自民党都連を批判し、自民党の公認を受けた対立候補に大差で勝ったため、都政運営において自民会派の支持を受けることが難しいのは当然である。小池氏を知事に押し上げたのは、圧倒的な都民、民意である。民意が味方とはいえ、野党となった自民会派から全て反対の矢が飛べば、都政は停滞する。この難局を打開するため、小池知事は地域政党「都民ファーストの会」を立ち上げ、七月の都議選に同党の公認候補を多数擁立し、自民党候補との対決姿勢を打ち出した。さらには知事就任後に支持を表明した、政権与党の公明党と選挙協力することを大筋合意、双方が擁立候補を推薦した。

こうした地域政党をつくり、民意に改革を訴え、議会で与党化を目指したのが大阪府の橋下徹知事、名古屋市の河村たかし市長だ。共に民意を味方につけ、行財政改革や減税などを実現した。

小池知事の場合、結果は第一党の自民党が歴史的大敗し、都民ファーストの会が第一党に躍進、公明党など小池氏の支持勢力が過半数を占め、与党会派の形成に成功した。都知事選に続き、「小池劇場」第二弾の幕が開いたのだ。ただ、小池知事は二元代表制を意識し、都民ファーストの会の代表を退いたが、議会の「与党と野党」の構図は所を変え、再編成された。

自治体の二元代表制という視点から見れば、小池知事がどう議会と対峙し、都政を運営するのか、分からない。与党会派は都行政に全てOKなら、従前の都政と変わらない。「都政は、誰がどこで決めているのか分からない」——このフレーズは小池知事に返ってくるだろう。一方、野党の自民会派は、批判勢力として行動するだろうが、混乱を招くだけなら、それこそ「都民不在」と都政全体が都民の支持を失う可能性がある。与野党の態勢、勢力図がどうあれ、議会内の活発な討論を踏まえ、小池知事が掲げ、民意が期待する「東京大改革」をどこまで実行できるのか、自治の力が試される。

二元代表制を支えているのは都民（住民）だ。政治ゲームや政局話に躍らされることなく、知事、都議とも都民の「代理」として自治運営を託されていることを忘れてはいけない。

2 「住民が主人公」であるために

住民発「議会フォーラム」を　地方自治体は首長・行政機関と議会・議事機関の二元代表制である。住民から直接選ばれた権力・機関が対峙し、討論することで民意を反映した政治、行政が期待される。住民の「代理」である、首長と議会が住民と向き合うことの重要さを再三、紹介してきた。具体的な議会側の取り組みとして、地域での議会報告会や議会内外での議員討論会の開催なども提起した。

二元代表制を支えるのは住民の存在だ。任せ切りの住民ではなく、主体的、能動的な住民が居て、初めて二元代表制が機能する。住民自治の実践とも言える。こうした住民の存在を三つ目の権力と定義すれば、「三元代表制」と位置付けられる。

元々もう一つ、住民に大きな権限がある。これも既述したが、直接請求権である。有権者の五〇分の一の連署で住民が条例案を直接請求することができる。首長や議会がたとえ、その趣旨に賛同しかねても、必ず議会に正式に提案しなくてはいけない。地域の大きなテーマに対して、首長も議会も鈍感で条例案をつくる動きがないなら、住民が立ち上がり、条例案を提起できるのだ。

ほかにも、住民投票や住民監査請求制度もある。ことに自治体には重要な決定を首長や議会でなく、住民が直接決定するシステムがある。市町村合併の是非を巡り、全国の自治体で実施された。近年、大阪府の都構想の是非を、橋下大阪市長（当時）が府民の住民投票に委ねた。これまで紹介した住民の権限は、国が定めた制度だ。これを行使するとなれば、大きなエネルギーを要する。まちを二分するような大きな問題、あるいは行政の不正の発覚などを契機に浮上するかもしれない。

地方自治の主人公が住民であるならば、住民自身が主体的に実践する多様な、手づくりの制度があってもいい。

例えば、住民主体の「議会フォーラム」を定期的に実践したい。住民主催の議会の開催である。これまで議会システムの一環として、議会が地域へ出向き、議会報告を行い住民との意見交換、討論を経て、政策を実現する仕組みを提唱した。地域にもさまざまな意思決定組織がある。行政の請負組織ではなく、議員の参加を促し、地域やまちの課題を討議するシステムだ。議員を鍛え、議会の機能を高めるため、住民発の「議会フォーラム」を形成したい。

形態は違うが、富山県砺波《となみ》市内の若手経済人の有志らが実行委員会をつくり、二〇一七年三月、四月の市議選を前に立候補予定者討論会を企画した。首長選の同様な討論会は珍しくないが、地方議員選挙で富山県内では初めての試みだった。住民にとって身近な政治家は市町村議員だ。住民は地元地域の推薦を受けた議員以外から、意見や考え方を聞くことは滅多にない。同じ市内でも、顔と名前が一致しない議員さえいる。

こんな単純な思いに応えたいと、市内有志らが企画し、討論会開催三カ月前に砺波市議会（定数一八）現職・新人の立候補予定者一九人に参加を呼び掛けた。ところが、現職で構成する市議会は不参加を組織決定した。回答文書に「既にスケジュールが詰まっている」とあり、実行委が「ビデオ出演でもいい」とお願いしたが、断られたという。結局、参加者は四人、うち自民会派の現職二人が議会の取り決めを破り、参加した。

実行委員会のメンバーらは、砺波市文化会館内の会場に聴衆の椅子一五〇脚を用意したが、急きょ追加し、約二〇〇人が四人の意見に耳を傾けた。参加した現職議員の一人は北日本新聞の取材に「議会のための議員か、市民のための議員か自問自答し、出席した」と語っている。

地盤（組織）、看板（知名度）、鞄《かばん》（＝資金）を持つ現職組からすれば、今さら新人候補を交えて同列の討論会など無用なのだろう。「ふだん会えない住民に自分を知ってもらいたい」「議員として、市全体に対する考えを伝えたい」――という思いに至らないのである。「議会のための議員か、市民のための議員か」。議員に市民のために議会活動をしてもらいたいと、企画した討論会だ。この企画は地方自治法や公職選挙法に触れるものではない。地方自治、地方政治を少しでも住民の手に取り戻した行動だった。

今、地方・地域にさまざまな問題が山積する。多くのボランティア団体やＮＰＯが活躍する。団体主催のフォーラムに認識を深めてもらうためにも、多くの地方議員を引っ張り出し、議会は積極的に参加し、情報発信したい。

住民は自治体のオーナー

住民と首長や議会との関係と言えば、日常的には相談や要望、陳情だ。住民自身はこれら権力機関の下に位置付けている。自分の身の回りで不都合な事が起きれば、役所に問い合わせや苦情を訴えるかもしれない。だが、本来、住民は下ではなく、上であり、主人公なのだ。地方自治の本旨が住民自治であるならば、住民が主体的に発言し、行動することで議会や行政が動くのが、本来の姿だろう。

人口減少が加速化し、財政が恒常的に逼迫するなか、自治体行政はかつてなく、あらゆる局面で決断が迫られる。ある問題を一時的な政策でしのいでも、また別のところで問題が発生する。ことに少子高齢化社会が生む問題は多様で複雑だ。難問が山積する今日、住民の代理である議会、議員たちが首長・行政の下請け機関であっては、二元代表制が泣く。議会自身が徐々に変われば、議会と住民の関係も変わるだろう。

住民自治の実践となれば、議会と住民の関係はよりシビアにならざるを得ない。「自治体議会改革フォーラム」呼びかけ人代表で、法政大法学部教授の廣瀬克哉氏は議会が変われば、多少対話の在り方が変わるところまできた、と評価する。だが、根本的に変わっていないとし、「自治体のコンシューマー（消費者）という住民の構え方は変わっていない。住民は自治体のオーナーであっても、いわば株主として経営の在り方に対してどう意思表示するかが鍵で、その内容がまずいとオーナーも損をするという当事者感覚が希薄だ。その自覚を議会側から迫るような関係性をつくることによって、自治体改革につなげるような展開が今後は問われる」（月刊『ガバナンス』二〇一六年九月号）と述べる。

住民が変わらねば、議会は変わらない。また議会が変わらねば、住民は変わらない。卵が先か鶏が先かではなく、両方一緒に変わらねばならないのだ。

前項で「住民発議会フォーラム」を開こう、と提案した。一方で、議会側も「議会発フォーラム」の開催を実践したい。これまで再三、述べた個々の議員や会派としてではなく、議会全体の議会報告会の開催だ。一方的な活動内容の報告で終わることなく、住民を交えた討論会に発展させたい。報告会では多分、あれもこれもしました、と成果のオンパレード。出席者に向かい、「何か意見や要望がありますか」となるだろうが、これでは陳情の受け付け会合になってしまう。深みのある討論とはほど遠く、議会に反映する政策や条例の実現にはならない。是非、報告会は地域にふさわしいテーマを設定した「討論の場」にしたい。お互いの認識が深まり、両者の関係が変わるだろう。

廣瀬教授は、現実の地方議会は年四回の定例会、任期四年で一六回開催され、「四年間で一六回の連続シンポジウムを行う場所だ」と表現する。さまざまなテーマで議論されているが、住民には十分伝わっていないのが現状だ。そこで、わが町の議題について連続シンポジウムとして、住民にアピールできる議事の時間を、定例会ごとに確保することが議会改革のポイントと指摘にする。具体的には、国会の予算委員会の集中審議のように、一定のテーマで議員と首長・行政当局がやりとりする。この後、独自に議員同士で自由討論することを提案する。

例えば、空き家対策や高齢者の見回り、待機児童対策や移住者の受け入れ策とPR、中山間地の耕作放棄地の再生など、日ごろから住民らが感じている地域のテーマはたくさんある。一定例議会中に一回、テーマを一つ設定すれば、関心のある住民が傍聴に行くだろう。討論の内容を地域での議会報告会で報告すれば、さらに住民と議論が深まる。住民発フォーラムと議会発シンポジウムの積み重ねで、議会も住民も変わるだろう。

予算編成は住民と共に

住民が県や市町村の新年度予算（案）を知るのは、いつだろうか。多分、自宅に届く新年度の市町村広報誌や新聞記事だろうか。だが、多くの住民は、予算規模はむろん、事業ごとの項目などほとんど知らないまま、過ごすだろうが、自身や家庭に直接影響する町の待機児童や保育料、介護士不足問題などが表面化した場合、「さて、わが町の実情やレベルは？」と気になるに違いない。それほど普段、身近な行政の動きに無関心、あるいは情報の〝過疎状態〟になっている。財政規模が厳しくなるなか、民意をくみ取り、行政運営する上で、行政当局や住民にとっても、不幸なことである。

一般的に予算決定のプロセスはこうだ。まず予算を取りまとめる役所の財政課へ、各課が従前の継続事業に加え、新規の事業などを提出する。その結果、全体の予算規模と内容が揃う。当然、内容はあくまで各課の希望を集約したもので、支出規模は膨らむ。そこでまず財政課が精査し、財政課から権限のある総務部長（経営企画部など異なる）へ上げ、絞り込む。さらに、判断が難しい項目などは首長査定に持ち込み、首長を中心に最終決定する。予算案は三月議会に提出され、可決する。この間、マスコミに発表される。

もちろん、役所内だけで予算が決まるわけではない。地域や各種団体、政党など政治団体の要望が役所に寄せられる。中には長年、陳情し、ようやく予算案に盛り込まれた案件がある一方、たなざらしの案件もある。ただ、予算化されなかった案件は果たして、担当課で議論し、財政課へ予算要望したのか。担当課が要望した項目が財政課で保留になったのか。首長査定の段階で「次年度に持ち越し」となったのか。住民は、たとえ要望が実現しなくても、どのように扱われたのか気になる。特別の情報がない限り、役人以外はプロセスを知る由もない。

富山県の予算案について、何度も取材した経験に基づけば、議会各会派と知事が個別に折衝する「知事折衝」の場が設定される。事前の要望を受け、知事が明らかにするもので、会派の顔を立て、予算化する。各会派代表は折衝後に記者に「成果」を発表する、セレモニーが必ずある。もちろん、各会派は独自の政策要望、政党や各種団体の陳情や請願を受けているケースが多い。議会会派の力関係が左右する。

仮に地域の住民からの要望を受け、予算化されれば、執行段階で初めて住民に連絡がある。住民側に何の連絡もなければ、予算に対する住民の無関心を助長し、行政への不信や不満、また議会や議員に対しても同様の不信を招く。

一年間で県や市町村行政の最大のテーマは、予算案の決定と議会での採決だ。一年間の行政執行活動を決めるわけだから、住民にとっても重要なテーマである。

予算内容や編成過程を情報公開した自治体があった。かつて、千葉県我孫子市長だった福嶋浩彦氏が先に紹介した著書で、同市が二〇〇六年度予算から政策的事業に限って、市民に予算の編成プロセスを公開したことを紹介している。まず予算要求の段階で全てホームページに公開、また行政センターで印刷物を閲覧できるようにした。

例えば、具体的にはこういうことだろうか。若い夫婦世帯の移入が増え、地域に保育所がないため、住民らは二～三年前から設置を要望したとしよう。担当課の職員は、なかなか予算化ができない理由を「先にやることが多々あるので、市長段階で認めてもらえない」と応対していた。ところが、ホームページで公開された編成過程を閲覧すると、所轄担当課の要望項目にも挙がっていなければ、応対内容は偽りと分かる。予算の編成過程を公開することで、市民は行政課題の優先順位など行政全般に目配りし、市民と行政の溝を埋めることになる。

元総務相の片山善博氏は鳥取県知事時代、県の予算編成過程を透明化した。大半の予算は財政課長や総務部長段階で決まるが、どの過程で落とされたのか分からない。そこで編成過程を公開し、説明責任を果たすことに努めた。大勢の人の目に触れるので、支出の見直しや予算の改革につながったという。

予算編成の透明化は、行政の公正公平性の確保、市民と行政の信頼を築く。間接的だが、予算編成に市民が参画したことになる。何よりも行政の動きに関心が高まるはずだ。

こうした制度は議員にとっても意義がある。議会や議員紹介の陳情や請願がどのように取り扱われているのか分かる。個々の議員に連絡があるだろうが、全体の流れをオープンにすることは住民、議員にとっても、予算編成への参加と透明化という点で良いことだ。

こうした制度を議会も積極的に推し進めたい。

「まちのグランドデザイン」を議会と住民の手で

グランドデザインという言葉をよく聞く。長期的な展望や将来像を描く時、「詳細な事項を決める前にまず、グランドデザインをどう描くかが重要だ」「震災で東北を、どのように復興させるのか。復興のグランドデザインをどう描くのか」等々と言う。辞書には「国や組織の在り方などに関する、将来を見据えた長期的・総合的な構想」とある。

地方自治体のグランドデザインと言えば、中・長期的な総合計画が浮かぶ。五年、一〇年サイクルの県や市町村を展望し、策定に時間とエネルギーを要する。人口の増減を推定し、まちづくりのキャッチフレーズに始まり、具体的な柱の下、行政のあらゆる分野について目標と推進、具体的な施策を示す。例えば、スポーツ・健康分野でスポーツ施設の老朽化に伴い、五年間で改築するとか、耐震構造を施すとか、学校の統廃合や耐震化の推進など総合計画に盛り込めば、首長は計画に基づき、推進することになる。

当該の首長にとって、総合計画の策定は一大事業だ。少なくとも一年以上かけ、多くは第三者機関の審議会を設置、各界の代表者を審議委員に委嘱、事務局が用意したさまざまなデータを駆使し、策定する。一年単位の年度予算も、ベースには総合計画がある。もちろん、経済情勢や社会環境の変化で計画通りに実行できるとは限らない。首長が議会でたびたび、例えば、「現段階で総合計画の達成率は四〇パーセント」と経過報告することがある。それほど、グランドデザインを描いた総合計画には重みがある。

この総合計画に対し、議会はどう向き合っているのかと言えば、審議会から答申を受けるのは首長であり、議会は策定づくり対し、蚊帳の外である。議会は個々の議員の集合体で、地域代表の色彩が強いとはいえ、当該の県や市町村全体について監視し、議事・議決機関として責任を有する。中には総合計画審議会に議会代表者が委員として名を連ねる自治体もあるが、果たしてそれで議会の責任を果たせるのか疑問だ。

グランドデザインでもう一つ想い起こすのは、「平成の市町村合併」の際、合併の是非を巡り、当該の市町村間や首長、議会、住民同士での議論の在り方だった。国の押し付け、市町村の財政危機の悲鳴などさまざまな要因で、合併は大きなテーマであったが、市町村の主導権争い、庁舎の設置場所、等々――議論がかみ合わなかったケースがあった。

これも当該の市町村は、歴史や伝統、文化、産業などが異なることを前提にまちづくり、人づくり、産業づくりなど、どのような「かたち」の自治体を目指すのか、総合的なグランドデザインについて、住民と膝を交えて、真摯に議論するべきであったが、そのための場と時間がなかった。

議会が将来展望したまちづくり、グランドデザインの描き方で議論し合う姿が少なかった、と記憶する。議員は首長が描く「合併の枠組み」支持派、反対派、第三の枠組みなど、自身の支持者の顔色を見て、水面下で動いた。本来、合併は自治のかたちと在り方を決めることだ。小さな地域代表の議員にとって余裕がなく、地域全体の構想を描くことは荷が重すぎたのだろうか。

今後、地方議会の議員にとって重要な使命は、地域の代表としてミクロな課題解決に取り組むことに甘んじることなく、むしろマクロ的に自治体全体の課題に向き合い、グランドデザインを描くことだ。

市町村の総合計画策定は、審議会の首長への答申、さらに当局から議会への説明で終わりではない。肝心の住民が中身を知らないのである。是非、住民と議会主催の討論会を求めたい。地域の住民に報告し、意見を求め、計画に反映したい。

総合計画を議決案件とするため、議会と首長・行政機関が「総合計画条例」を策定している自治体がある。一部の各界代表の審議会委嘱をもって、住民参加とするのでは寂しい。色々なステージで住民と議会が加わることによって、住民参画の「総合計画」になる。

カネのかからない政治は地方から

本書を書き始めた動機は、富山市議や富山県議の政務活動費不正事件だった。不正が発覚し、辞職した議員が相次いだ理由は、制度の不備や議員のモラルの低さだけではない。事の本質がどこにあるのか、さまざまな角度から検証した。その一つが、政治活動における地方議員と国会議員との違い、両者と国民、住民との関わり方であった。

憲法や制度上の相違は既述したので、日常的な活動、住民との関係を述べたい。

国会議員の支援組織には所属政党のほか、県会議員、市町村議員など地方議員、企業や各種団体、連合自治会などがある。ことに地方議員は国会議員にはない、校区単位の連合自治会、その傘下の町内会、各種団体、中小企業などのきめ細かな支援組織を持っている。選挙戦が近づけば、普段付き合いのある有権者宅を一軒一軒訪問し、握手する。〝ドブ板選挙〟の手法である。地方議員が歩き、築く地盤は強固だ。

いざ、解散総選挙や参議院選がスタートすれば、候補者は自身の後援会組織を頼りに運動を展開する。その原動力は地域に張り巡らされた地方議員と、そのさまざまな支援組織とのつながりだ。アメーバのような組織と人脈がフル回転する。従って、国会議員と地方議員の関係が日常的にしっかり結ばれていれば、国会議員は地元の支持者に任せ、毎週のように選挙区に帰り、回る必要はないのだ。

では、地方議員は日常的に何をしているのか。議会活動に必要な政務活動に精励している議員は少ない。多くは地域の会合や住民からの相談に応じる。相談件数は活動量の指標である。議員は住民の動静にも敏感だ。例えば、冠婚葬祭の類だ。地方紙には慶弔欄がある。亡くなられた人、結婚された人など地域版に毎日掲載される。市町村議員の多くは、自分の選挙区内で亡くなられた方に弔電を打っている。議員が直接、お参りするケースがあるが、弔電は葬儀場で読み上げられる。

弔電を打つだけでも、おカネと時間を要する。旅先に居てもインターネットで確認する議員がいるという。次の選挙を考えると、弔電を出さないわけにいかない。ほぼ機械的に出しているのだ。季節ごとの地域のイベントには必ず、顔を出す。ひと言、参加者の前であいさつするには手ぶらという訳にいかない。酒の一升や二升の費用も、かさむだろう。スケジュールを書き込んだ地方議員の手帳は真っ黒だ。内容は純粋な議会活動というより、地域に絡む〝雑務〟だ。こうした〝雑務〟をこなしながら、人との付き合い、〝しがらみ〟を確認し、知り合いを増やすことで「応援団」を形成する。

突然の解散でも、地方議員がしっかりしておれば、国会議員は慌てふためくことはない。ことに県議よりも住民に近いところで、市町村議の日ごろの行動力の差が勝敗を分ける。「傘下の議員の頭数ではない」とベテラン議員らは語る。

政務活動費不正事件の反省から、富山市議会をはじめ幾つかの議会で「弔電の廃止」を打ち出した。他の市町村の一部自治会が、逆に議員からの弔電の受け付けを辞退宣言した。議員側と有権者側が共に無駄な冠婚葬祭への弔電や祝電を廃止することは、カネのかからない政治の一歩になる。地方の動きが当然、国会議員にも影響する。よく、大物国会議員の政治とカネの問題が浮上するが、一国会議員だけに潜む問題ではない。地方議員と住民が耕した地方の地盤、つまり風土に起因している、と反省したい。

「政治の源流は地方」だと既述した。カネのかからない地方政治、地方議員であるために住民自身、カネのかかる「慣行」の廃止へ踏み出すことだ。

住民主人公の「二元代表制」

憲法や地方自治法に「二元代表制」という言葉は見当たらないが、国の議院内閣制に対し、地方自治制度を「二元代表制」と呼ばれるようになった。対等な首長と議会。ことに地方議会の重要性を意識しての制度である。

私自身、長年地方政治の現場で取材してきたが、「二元代表制」という言い方をあまり聞かなかった。議会は首長や行政の監視、議員独自の政策提案能力を意識しているが、片や首長は巨大組織のトップだ。予算編成権や条例案など議会への提出権、職員の人事権、行政委員会委員の任命権も持っている。対する議会は首長が出す案件について、議事・議決権を持つ。だが、現実は地方政治の現場では正直、議会の影が薄い。

時々、不思議に思うことがあった。正副議長が就任あいさつで決まって、「知事（市町村長）と車の両輪のごとく、県政（市政など）の発展に尽くしたい」と常套句のように語ったことだ。建前とも言えるが、そこには両者の緊張感はなく、強い首長に協調を演出していたのか。

私が在籍した北日本新聞では一九六九（昭和四四）年、イタイイタイ病など公害事件があったころ、議会と行政の癒着などに切り込み、キャンペーン「地方自治を守ろう」、連載「よみがえれ地方自治」を展開した。その後も「地方自治」をテーマに、議員や議会の有り様を提起し続けた。「二元代表制」の機能を果たすため、地方分権一括法が成立する前夜など、議会の奮起を促すキャンペーンも行った。

戦後、地方議会は首長・行政機関に呑み込まれ、議員らにまず期待されたのは「政治力」を誇示することだった。議会の弱さは住民にとって、不幸なことであった。もちろん、さまざまな改革が進み、キャンペーンの成果があったことは否定しない。

議会人の自覚に加え、議員、議会が緊張感を保ち続けるには住民の監視が欠かせない。「二元代表制」は制度としてあるが、制度を生かすも殺すも、重要なキーワードは「住民の目」である。本書で議会への、幾つかの住民参加システムの導入、構築を訴えた。いつも議会、議員を住民にさらし、さらされることをよしとすることだ。議場で傍聴した住民には、単なるセレモニーにしか映らない。根回しを重ねた結果のやりとりだからだ。「協調」の名の下、「根回し」がまかり通る議会ではいけない。富山市議会は不正事件で若手議員が登場、旧来の議会慣習に疑問を抱き、改革を訴え出した。今、議会基本条例の制定に取り組む議会がある。議会提出の政務活動費不正防止に関する条例や議会基本条例は「どこにも負けないいい条例になった」と自画自賛する前に、住民の意見を聴き、討論に討論を重ね、住民と練り上げ、つくってもらいたい。

二元代表制の主人公は首長でも議会でもない。住民だ。「二元代表制」を生かすには、住民の存在を意識し、さまざまなプロセスに位置付けることである。

3 「縮む地域社会」を守る

自ら「何かをする時代」　地方の人口減少が加速化している。二〇一四年の民間の有識者会議（座長・増田寛也元総務相）の発表によると、二〇四〇年には二〇〜三九歳の女性が、二〇一〇年に比べ半分以下に減る自治体が八九六市区町村に上ると試算、これらを「消滅可能都市」と名付けた。全国の自治体の半分で、このうち五二三自治体は四〇年時点で人口一万人を割り、「消滅可能がより高い」としている。

焦点を当てた年代は、子どもを産む中心年代だ。統計上、女性の数がこのままの推移で減ると、一人の産む子どもの数が増えてもマイナス効果が大きく、人口は減り続ける。地方自治体は子育て支援などを厚くし、人口減の歯止めを目指すが、高齢者層が厚いため、人口減の傾向は変わらない、とみている。

「消滅可能都市」の意味は人口がゼロになることではない。出産する中心年代が半数以下に陥り、人口が激減するため、これまでのような自治体サービスが困難になることである。例えば、既存の小学校の運営が困難になり、統合しても、スクールバスの運行に支障を来す財政状況に陥ることを示唆する。既にこうした現象が起きているという。

「何とかしてくれないか」と役所に陳情を重ねようとも、手の施しようがない。「こんな時の議員」と議員に要望しても、一地域だけの特殊な課題ではなく、政治力頼みにそう簡単に解決できない。

地方分権社会の基本は、地方独自の行政運営をすることである。国、県、市町村の主従関係は消え、住民の判断を仰ぎ、どう自治体独自の権限を行使するか。近年の地方自治体の動きを見ると、新たに「作る」ことから、選択と集中の名の下、「なくすこと」「減らすこと」「変更すること」を力点に判断を迫られている。住宅で言えば、リフォームと縮小、果ては廃棄ではなかろうか。

住民の判断を仰ぐとしても、最終的に判断を下すのは首長・行政、そして議会だ。例えば、学校や公民館など教育・文化施設、高齢者対策一つとっても、一自治体内といえども、画一的な政策が及ばない。富山市のように大きな都市はいい例だ。中心市街地、都市郊外、合併前の旧町村のような中山間地を同じ市内に抱える。そのため、地方自治体が独自に判断できる制度や財源が不可欠だ。国の基準や制度に従うだけでは問題は解決しない。そのためにも、独自の権限を行使できる地方分権が不可欠なのだ。その上で、住民の判断を仰ぐことになる。

市町村合併により、かつて存在した地域に役場機能はなくなった。庁舎はむろん、情報収集や判断を下す組織とマンパワーが弱体化している。地域のあらゆる団体が、役所の指示により一体的に動く時代ではない。住民が行政に依存する時代でもない。何かを「してほしい」から、「する」時代だ。そうした住民が居て、行政や議会があり、議員が居る、と考えたい。

時代は指示や命令を下す縦社会から、さまざまな団体や住民の連携を目指す横社会である。最後に地域を守るのは地域の人々である。地域には色々な人がおり、話し合えばアイデアはたくさん出るはずだ。役所の職員、行政側には限界がある。既存の制度や予算、法律などに縛られ、突飛な発想をさえぎる。その点、民間人には縛りがない。外部から移入者を呼び込むシステム。外国人を単なる労働者ではなく、共に暮らす「生活者」仲間として迎えたい。そのためにも民間団体、ボランティア団体やNPO法人などのネットワークを駆使し、自律する地域づくりを目指したい。第4章で紹介した愛知県の「若者議会」も、地元の若者たちのネットワークが市長を動かした。

今地方の悩みは尽きない。例えば、都会からの移住者促進と受け入れ対策や空き家対策。職員が顔を揃え、知恵を絞っても、妙案は浮かばない。あっても実効性が伴わない。有識者を集めても、抽象的な意見や提案は出ても、あとは役所で考えて下さいである。

地域住民のやる気、やる気のあるマンパワーをいかに引き出すか。行政も一人ひとりの議員もマンパワーを呼び込み、政策に生かすことが求められている。

「世界の利賀」はどこへ

富山県と岐阜県境の五箇山《ごかやま》地方（平・上平・利賀）の三つの村の一つ、富山県南砺《なんと》市利賀《とが》村（旧利賀村）。村おこしの優等生と語られた。国道一五六号沿いの平・上平村は岐阜県境を越え、白川町へ抜けるが、利賀村は袋小路の山村僻地。高度経済成長を経て過疎化が進むなか、利賀村は村長を先頭に一部合掌造り家屋を村内の百瀬地区に集めて「合掌文化村」をつくり、演劇による村おこしを始めた。合掌家屋を演劇空間として着目した「早稲田小劇場」（鈴木忠志主宰、後の劇団ＳＣＯＴ）の活動を支援し、世界演劇祭へと発展させた。

当時の演劇祭のパンフレットにこう記してある。「世界は日本だけではない。日本は東京だけではない。この利賀村で世界に出会う」――。過疎から脱却し、自主自律する利賀村の決意が込められている。その後、「そばの郷《さと》」「瞑想の郷」「飛翔の郷」など次々と観光拠点を建設、そば祭りや山祭りなど独自のイベントも企画した。ことに、雪に埋もれた二月に雪像を造り、花火を打ち上げ、村民総出でもてなす「利賀そば祭り」を開催。県内外から観光客を集め、ヒマラヤ山脈の麓、ネパールとそば交流を行うなど「世界の利賀」を内外に発信、その名を高めた。

しかし、観光は利賀村の村おこしに貢献したとはいえ、人口流出を食い止めるだけの産業にはなり得なかった。根幹はやはり土建業である。村に通じる国道や県道の整備、河川改修や土砂崩れの復旧工事。年中工事が続く。村内の三割近くの人が建設業に就き、従業員の収入となり、生活を支えた。

村の強みは国や県への陳情能力だった。小さな村だが、村民はほぼ自民党員。選挙では、一〇〇パーセント近くの人々が投票に行く。五箇山地方で隣接する平・上平村に比べ、その投票率はずば抜けていた。国から補助金を引き出し、公共事業が村の生活と暮らしを守ってきた。確かに、山村僻地の利賀村は道路など社会資本が決定的に遅れており、取り戻すために政治の力で、光を当ててもらった。村おこしだけでなく、集票力のすごさに感心した歴代の総理、竹下登元首相や小渕恵三元首相も利賀村を訪れている。

戦後政治は池田勇人の「所得倍増計画」、田中角栄の「日本列島改造論」へ、高速道路網や新幹線整備など高度経済成長が進む一方、地方から都会へ若者が流出した。利賀村も例外ではなかった。利賀村の人口は昭和二二年、約四六〇〇人だったが、三〇年には三二〇〇人、四〇年に二五〇〇人、五〇年には一五〇〇人。一〇年間に一〇〇〇人のペースで減少した。利賀村の離村の特徴は若者の流出だけではなく、一家丸ごと村を去る挙家離村だった。その結果、集落が徐々になくなっていった。村はしばらく「人口一〇〇〇人のムラ」と言われ続けたが、二〇一七年五月末現在で五四四人という。

大まかな利賀村の歴史を述べたが、高度経済成長の終焉、低成長時代、バブル崩壊、国と地方の関係を変えた地方分権一括法の成立。そして国と地方の財政の悪化による補助金の廃止や助成金の大幅な見直しを求めた「平成の大合併」。この時、住民の要望で「利賀村」の表記は残ったが、自治体「利賀村」が消え、南砺市として八つの町村が一つになった。利賀村がたどった歴史は特殊なものではなく、日本各地の山村の典型的な「かたち」かもしれない。

この間、村の議会や議員たちの行動にも大きな変化が生まれている。議員選挙は徹底した「地区割り」を貫いた。候補者を選ぶ構造は近年まで変わらなかったが、戦後しばらく一つの地区から二〜三人が出馬、調整がつかないこともあったという。だが、高度経済成長の進展で日本の多くの山村の人口が急速に減少に転じた。利賀村の選挙も、過疎の進行とともに勢いを失い、「無用な騒動」「選挙自体、煩わしい」という雰囲気が強まった。当然、無投票が続いた。

そうしたなか、地方分権時代を迎えた一九九八年秋、利賀村でヤミ基金の存在が明らかになり、「村のために」と収入役が横領していたことが分かった。基金は陰で陳情などに要する「村の政治」を支えていた。村長は引責辞任、翌春の統一地方選挙で、村は再起を賭け、村議選は一六年ぶりの選挙戦となった。「無投票阻止」を唱えた革新系候補が出馬したが、定数減にかかわらず、「地区割り」は不変だった。

村から一層、立候補者を遠ざけたのはやはり「平成の大合併」だった。新市の南砺市には当初、中選挙区制が導入され、利賀村には二つの定数（議席）、その後は一つに減ったが、一定の配慮から地区代表の枠が設けられた。だが、最終的に全市が一つの大選挙区に改変され、利賀村から議員を送り出すだけの自力が失せていた。

二〇一六年一一月、利賀村民は定数二〇の南砺市議選に地元候補者の擁立を断念した。合併後、人口減少が加速化し、村の有権者数五二〇人では、当選ライン（千数百票）には到底届かない。加えて、村経済を支える建設会社の経営者らに出馬を打診するも、公共事業の削減でどこも経営が厳しい。人材不足なのだ。周辺町村からの集票で得票数の上積みも不透明。村始まって以来初めて、戦わずして地域の代弁者である議員バッジを失った。そして何よりも、人口減により何をするにもマンパワーが少ない。このことが、地域を消滅へと急き立てる。地方創生の掛け声は、利賀村の人々には空しく響くだろう。

「利賀の人口半減五四四人」――二〇一七年六月二三日付の北日本新聞。ショッキングな見出しだった。利賀村の人口減に伴い、地域の祭りも用水清掃や草刈りも、人出不足で共同作業が困難になっている、と報じた。昨年大阪から利賀村に移住してきた吉田信一郎さん（三七）がこの記事を読み発奮、利賀の魅力をブログで発信した。都会の移住者に温かく、励ましてくれる利賀の魅力、経験を基に「過疎からの脱却を図ろう」と討論会を企画したのだ。吉田さんはハロウィーンカボチャの栽培などさまざまな活性化に取り組んでいるという。

たまたま、利賀村に合宿に来ていた東京大生産技術研究所の大学院生や富山県立大生、利賀の地域づくりに関わる有志や住民ら三〇人が集まった。「やりたいことに取り組めることを発信すればいい」「利賀は自分を自由に解き放てる場だ」等々――アイデアや意見が出た。

地元の議員不在でも、危機感を抱き、内外のネットワークを駆使し、新たな地域づくりに動き出した。都会の若者や高齢者、演劇祭を誘致した「世界の利賀」、外国人を生活者として受け入れる、懐の深い利賀の人たちだ。それこそ、議員は全て利賀村以外の人たちだが、「超小選挙区」意識を脱し、共に汗を流せば、なお力強いはずだ。

利賀村の変転する姿を見て、つくづく思う。地方分権時代、議員不在の地域エリアが広まるなか、全市を視野に入れた議会と議員の役割はずしりと重い。加速化する人口減と格闘し、自律した地域をどうつくれるか。今なお、もがいている。

第7章　地方分権の旗を振れ

1　分権論議を再び

東京の一極集中に伴う弊害や歪みは、かつての高度経済成長時代の比ではない。過疎過密の状況ではなく、多くの地方自治体が存立すら難しい「危険水域」に突入している。人口は一段と東京への集中が止まらず、「爆発寸前」と評する専門家もいる。

一例が保育所不足である。施設の不足に伴う高齢者問題や介護難民もさることながら、東京に若者が集まるが、せっかく働き、家庭を持っても、子供を産み、育てる環境にはないのだ。国会で紹介された「保育園落ちた日本死ね」という訴えが、空しく響き、なかなか前へ進む気配がないのはどうしたことだろう。

関連で言えば、東京の保育士不足を補うため、今地方の保育園で働く保育士が高い給料で奪い取られる現象が起きている。地方では、「保育園落ちた」という現象はなく、むしろ、人口減に連動し、園児不足で経営が厳しいところが多いと聞く。そのうえ、地方でも保育士不足が生じ、別の意味で「保育園落ちた」になりかねないのである。地方は保育問題一つとっても、泣きっ面に蜂である。

こうした歪みは社会経済構造に起因する。経済や社会の効率化、集中化の至上主義が引き起こしたと、いえる。政治や経済、文化、行政や企業も、そして人々も東京に流れる。なぜなら、東京には企業・経済、文化、情報、そして大きな権限が集中しているためだ。

ことに大きな権限と財源は霞が関が握り、戦後七二年経ても、地方自治体に肝心なところを手放さない。「地方創生」政策は最たる事例だ。いいアイデア（答案）を出せば交付金を出しますよ、という国と地方の主従関係を崩していないように見える。そして相変わらず、プレミアム商品券のような画一的、統一したばらまき型の政策を繰り出す。これで地方が元気になり、消費が伸び、賃金が上がり、地方に若者が定着し、住み続けるだろうか。地方の若者は「若いうちならいいだろう」と東京の誘いに乗り、働き始めた地方の幼稚園や保育園から、待遇のいい東京へと行ってしまうのだろう。

地方分権時代と言われて久しい。地方分権推進法、地方分権一括法の成立は中央集権行政をあらため、地方自治の確立を目指した。二〇〇〇年、国が地方に押しつけていた機関委任事務が廃止された。地方自治体は多少なりとも自立し、身動きが取れる状態になった。

しかし、なぜ改革が進まないのか。色々な見方があることは承知しているが、肝心の財源と権限を地方に移譲しないため、と考える。もう一つ、自立するには考える知恵がいる。

国が示したメニューに飛びつく、依存体質では自立は望めない。その知恵を生かし、実行するには自由に動ける権限と財源が不可欠だ。地域ごとにふさわしい政策を打ち出すには、画一性を排するためにも、自律心と二つの移譲は欠かせない。

かつて、国が平成の市町村合併を推進する際、補助金の廃止、交付税の削減、そして財源の地方への大幅な移譲が合併の条件だった。「三位一体改革」である。残念ながら、財源の委譲が反故になった。以来、地方分権の動きが足踏み状態になった。合併と分権はセットではなく、別物だったのだ。

当時、富山県は市町村へ一律に合併を推し進めるべきでない、との立場だった。富山県知事の中沖豊氏は、北日本新聞のインタビューでこう答えている。「地方分権とは『国から分けてもらうこと』で、本来目指すべきは権限を地方に集めること」とし、「地方集権」という言葉を使っていた。その上で、「中央省庁は、権限も財源も手放すべきです。国は国防や外交、司法などの分野に専念し、内政は地方に任せればいい。行政と住民の距離が近いほど、ニーズに即した施策が可能で、住民の監視も行き届く。地方自治の本旨です。この問題は『権限を分け与えて』という発想では前進しません」と言い切っている。

保育士の現状一つとっても、一律な解決策はないだろう。東京は東京の解決策があるはずだ。お金に物をいわせて、地方から保育士を奪うだけでは根本的な解決に至らない。子供を産み育てるという国の基本的な政策。一方の地方にもその地域ごとに、ふさわしいやり方がある。高齢者施設と保育園の一体的な運営など、マンパワーの現状、自然環境や人口構成など考慮した、知恵があるはずだ。

自分たちのことは自分たちで決める。地域の未来、未来の子どもたちのこと、責任を持って決めることが地方自治である。そのためにも、国は権限と財源を思い切り移譲する。そうすれば、地方はいきいきとした自治体に生まれ変わるだろう。

今日、地方の現状を一番、把握しているのは地方議会と地方議員たちだ。地域に根差し、行政に働き掛け、提案できるポジションにいる。議員同士の討論を重ね、住民と膝を突き合わせ、足踏みする地方分権論議を再び巻き起こし、地方議会同志が連携し、ウェーブを起こしたい。

2　高めたい地方自治の力

日本国憲法に地方自治の規定がある。八章に四カ条置いてある。最初の九二条には「地方自治体の組織及び運営に関する事項は、地方自治の本旨に基いて、法律でこれを定める」とある。本旨、つまり、目的、趣旨とは何か。通説には団体自治と住民自治の原理が共に実現することである。団体自治は、国から独立した地方自治体の存在が認められ、自らの機関により、自らの責任において処理すること。住民自治は地域の住民が自らの意思に基づき、自らの責任において処理することをいう。

抽象的で難しい表現だが、新憲法には、明治憲法に条項がなかった地方自治について、地方のことは自分たちで決めることの重要性を盛り込んだのだ。明治憲法では知事ら首長は実質、官選だった。内務省（現在の総務省）から任命された役人が地方の政治行政を司った。現在は言うまでもなく、「地方公共団体の長、その議会の議員――はその地方公共団体の住民が、直接これを選挙する」と地方自治法は定めている。地方自治体は国から独立した団体なのだ。

とはいえ、どこまで地方の自主性や自立性が保障されているのか、不明確である。これまで指摘した権限や財源について、自主自立の観点から見れば、保障とはほど遠いと感じる。自主財源は三割ほどで、自治体は国の補助金、助成金、交付金を当てにし、財源と権限共々、国から分けてもらっている構図は基本的に変わらない。

こうしたなか、自民党をはじめ、野党内からも改憲論議が出ている。憲法九条の改正を目論む安倍政権ではあるが、自民以外では地方自治など他の条項の改正に意欲的な議論が出ている。ことに憲法と地方自治法は同じ日に施行され、二〇一七年に七〇年の節目を迎えた。

地方分権が思うように進展しないため、地方自治体側からも、地方自治の条項を「強化したい」「より明確化すべきだ」という声が上がる。地方に身を置く者として、かたちだけの「地方自治」ではなく、権限・財源を大幅に移譲した「地方主権」を打ち出したい。現行の都道府県を道州制や地方政府など市町村合併のような枠組みの変更は、意味をなさない。たとえ、地方政府と名を変えるのなら、地方政府の権限の強化を盛り込むべきである。地方はかつての市町村合併と同じ轍を踏まないよう、警戒している。

もう一つ、地方自治の強化を挙げるとすれば、憲法の地方自治条項で「条例制定権」の強化である。確かに条例の提案、提出を認めているが、あくまで国の法律の範囲内である。より厳しい条例は逸脱とみなし、よしとしない。地方にはさまざまな事情がある。画一的な規制や法律では解決しない課題、問題が山積する。地方の独自色を打ち出すためにも、価値あるテーマである。

具体的な動きもある。鳥取県は二〇一四年、危険ドラッグの成分を特定せず、包括的に規制する条例を全国で初めて制定した。神奈川県は憲法九四条「地方自治体は、——行政を執行する権能を有し、法律の範囲内で条例を制定することができる」に基づき、「県独自の企業税を導入した。だが、最高裁は二〇一三年、地方税法の趣旨に反するとの判断を示した。

さまざまな議論や要望、動きがあるなか、二〇一七年七月二八日、岩手県盛岡市で開かれた全国知事会議で国に対し、「真の地方自治の確立に関する決議」を採択している。決議では「国民主権の原理のもと、地方自治の権能は住民から直接負託されたものという観点から、具体的に規定するように検討を」と要請した。富山県の石井隆一知事は「改憲と地方自治をしっかり議論し、知事会としてのスタンスも示していくべきだ」と提案し、同会議にプロジェクトチームの設置が決まった。

決議にある「権能」とは、権利が行使できるように、法的に認められた力、権限である。国の指導や支援、援助を待っていては、地方の自立も地方創生も、進展しない。自主、自立を目指す地方自治体にとって重要な、憲法の地方自治規定を明確に示すべきである。

地方自治の柱は首長と地方議会、地方議員である。直接、仕事に当たり、憲法に明記しであるように実践者である。その実践者はかつてのゼネコン汚職や政務活動費の不正を働き、地方議会の不信を招いた。地方自治の本旨にもとる行為は、地方自治制度自体の信頼を損ねてしまう。これを契機に分権どころか、中央集権の強化、地方への介入が強まるのではないかと危惧する。だからこそ、議会改革の実践が望まれる。

地方・地域の存立の危機は、実は日本の危機でもある。地方の存立なくしては、日本はもとより、東京自体も危機にさらされるだろう。唯一東京が栄え、地方が消滅し、日本の繁栄はない。過去の歴史を見れば、例えば、全国各地、地方を中心に公害問題が起きた。富山県のイタイイタイ病や黒部のカドミ事件、熊本の水俣病、四日市ぜんそくなどがそうだ。地方自治体が問題を提起し、中央政府を動かし、国が新たな法律をつくり、公害を克服した歴史がある。もちろん、地方紙が責任の一翼を担った。農業問題や高齢者福祉問題も、解決に向け、狼煙を上げた。

今、地方の出番だと感じる。国が変わろうとしないのなら、今こそ地域で自らフロンティアとして、立ち上がるしかない。地方、地域に暮らす者しか、日本の窮状が実感できない、と思う。東京や霞が関では肌で感じないのだ。

政務活動費問題で確かに地方議員の存在さえ問われた。今、議会改革に向けて、汗を流している。しかし、改革が目標ではない。地方議員は議会を変え、その議会を通して自治を変える原動力になってもらいたい。地方の変容が激しい時代だからこそ、地方議会と地方議員の出番だ。住民の暮らしといのちを守るため、あらためて憲法の実践者を自覚したい。

3 「地方と東京」の対決ではない

二〇一七年九月、解散総選挙直前に国政新党「希望の党」の代表に小池百合子東京都知事が就いた。小池氏は九月二五日の結党宣言や二七日の党設立で記者会見を開き、語った内容が全国の知事や地方自治体の間に波紋を呼んだ。地方分権の推進を求める小池氏は「多くが霞が関出身に占められている全国知事会に、本当の意味での地方分権ができるのかは甚だ不思議だ」とやり玉に挙げた。

不満の背景は先に紹介した七月の盛岡市での全国知事会議にあった。小池氏もこの会議に出席した。会議のメンバーは四七都道府県の知事、大部分は地方の県知事だ。しかも、総務省（旧自治省）や経産省（旧通産省）などの官僚出身者が目立つ。霞が関の手の内や思考を熟知している。「地方分権の推進」を掲げても、闘争心や迫力がないのだ。

知事会議は前項で紹介した「真の地方自治の確立に関する決議」のほか、若者の東京一極集中を抑えるため、東京二三区にある私立大学の定員増を抑制する立法措置を、政府に求める決議を採択した。これに伴い、文部科学省は一八年度以降、定員増抑制の方針を決めた。半面、小池氏は過度な規制に反対し、「（知事会議は）極めて単純な話として結論を出そうとしている」と嘆いたのだ。

地方の多くの若者が首都圏の大学に進学し、首都圏内の企業に就職する現実がある。決議の狙いは、地方の知事で占める知事会が定員増の規制を設け、地方から東京への若者流出を防ぐことだ。いわば入学枠の「壁」を作るようなものだ。

一方で、小池氏にすれば、「これは安易な方策で、問題の本質は違うのではないか」との思いでなかろうか。同氏は「北海道から沖縄まで事情は違う。地方にあった改革をしなければならないのに、（知事の）ほとんどが霞が関出身の人で、中央集権を促進するかのような動きになっている」と批判する。

私自身、地方に身を置く者として、地方の知事らの気持ちは分かる。だが、地方分権に対する霞が関や政府の取り組みについて、これまで再三、異議を唱えた。二〇〇〇年の地方分権一括法の成立で、確かに地方分権は進展したが、国は「平成の市町村合併」を推進するにあたり、「国から地方への財源の委譲」という約束を反故にした。以後、地方分権の動きは足踏み状態なのである。

例えば、前述した国の地方創生を見ても明らかなように、権限や財源の大幅な見直し、つまり、地方自治体の裁量に任せず、なお霞が関が巨大な権限と財源を手放そうとしない。小池氏が主張するように、地方によって事情は異なる。定員増抑制の「壁」で事が解決するとは思えない。むしろ、その地方にふさわしい大学づくり、若者が留まる地域づくりや働く場を創出するため、財源と権限を地方に手放すことが重要になる。加えて、大学など高等教育機関の柔軟な設置基準も必要だろう。

地方がすべきことは、個別の問題にぶつかるたびに、知恵を絞り出し、国に制度の改善を求め、併せて交付金を懇願することではない。こうしたパターンは霞が関から見れば、優等生なのだが、いちいち陳情しなくてはならないし、地方の責任を持った自律的な改革が生まれない。

小池氏には、知事会が国に求めた決議は「極めて単純な話」のように片付けるやり方で、「中央集権を促進している」ように映るのだろう。小手先で、根本的な解決策にはならない。

企業や情報、権限が過度に東京に集中し、なお、若者を含む多くの人々が地方から東京へ流出する事態を抑制するには、地方自治体が地方・地域の魅力を創出することである。その手立ては霞が関に頼ることではなく、本道は地方分権推進の過程から生まれる。かつて、中沖豊前富山県知事が語った「地方集権」であり、中央政府・霞が関から地方へ、権限と財源の奪還にほかならない。今の地方に「闘う知事会を目指す」と叫んだかつての面影はない。

人口減少が加速化するなか、国政において、どのような政権下であろうが、地方分権の確立は必要である。国の安定的な発展に不可欠だと思う。

あらためて、地方自治に携わる都道府県知事や市区町村長、そして地方議会と地方議員は「地方と東京」の対立ではなく、共に地方分権の旗を振りたい。

終章　「世間は生きている、理屈は死んでいる」

1　「改革」の始まり

二〇一七年四月、任期満了に伴う富山市議選が行われた。一年前、自民党など与党会派が議員報酬の大幅増額を求めた。議会で大方の議員が賛成し、市民の反対の声を無視し、強行採決、可決したのが六月だった。その後、報道機関が政務活動費の不正を暴露、これを受けて議員らが釈明会見の繰り返し。辞職や居直り、指摘を受けた活動費の返還、あるいは曖昧な言葉で否定……。議員の対応はさまざまだった。一二月議会で報酬増の撤回条例が可決し、同時進行で議会は政務活動費の使途の範囲、運用指針・基準の見直しなど四月の選挙直前まで追われた。

四月の選挙結果で注目されたポイントが四つあった。

一つは、有権者、市民にとって、政務活動費不正事件は終わっていなかったことだ。政務活動費使用の不正（一人）や不適切（八人）を指摘された現職九人が立候補した。候補者の不正金額は数万円から六〇万円台までまちまち。発覚後、全員全て返還した。みそぎと位置づけた選挙の結果は三人落選、六人当選したが、全員二〇～六〇パーセントも大幅に票を減らした。これまで悠々と当選を重ねていたベテラン組も、大逆風に遭った。

ことに「不正の意図はない」「ルール上、問題ないと認識していた」「勘違いだった」と「不適切」を主張し、辞任を否定した現職議員が大勢いた。やり方や対処の仕方に適切さを欠き、言うなれば「悪気はない」と釈明した。仮に支持者らに進退を伺えば、「辞職もやむなし」の声が占めたかもしれない。

こうした「不適切組」八人に対し、市民の目は想像以上に厳しく、二人が落選した。議会内だけで通用するルールも、市民にはとんでもないルールと映った。この審判を受けて、議会は政務活動費について、さらに厳しいルールづくりを進め、厳格に履行せよ、との声と受け止めたい。選挙はみそぎではなく、議会改革へ真のスタートである。

勘違いしてはいけない。不正が露呈し、議会改革が叫ばれてはいるが、改革イコール政務活動費の使用に伴う改革ではない。議会改革とは、不正を生んだ議会の土壌と歴史を教訓に、市民と一緒に新たな議会システムをつくることである。私はあえて、本書で二〇〇〇年の地方分権時代の幕開け前夜から、分権や市町村合併に対し、議会と議員はどう論議したのか、また、オール与党化が進むなか、首長と議会の関係を振り返り、検証した。そして、第5～6章では改革の一例を示した。議会基本条例の制定もその一つ。残念ながら、富山市議会では制定の機運が高まるどころか、まだ芽生えていない。

二つ目のポイントは会派の合流である。

改選前、二〇一六年一一月の市議補選で自民党会派は新人を迎え、三会派に分かれていた。不正議員の大半が自民党会派所属だったため、自民系の新人は一線を画し、新会派を結成した。政務活動費の制度改革が一段落し、様子見だった新人らを含め、合流したのだ。自民党という同じ政治理念ゆえの統一会派は納得するも、個々の問題について、再び旧来の数の論理で押し切るやり方では、市民の反感を招くだろう。何よりも市民は「今後も改革を進めよ」と望んでいる。

忘れてはいけない。議員一人ひとりに、異なる支持者が票を投じた。自民党会派に票を入れたのではない。経験と考えが多様な議員、常にさまざまな地域住民と向き合うことを肝に銘じたい。

三つ目は新顔議員が半数を占めたことである。

定数三八、今度の選挙で五八人が立候補した。うち新人七人が当選した。五カ月前の補欠選挙で新人一三人が当選、うち一二人が再度当選した。再選といえ、実質新人だ。補選組と本選挙組新人の合計一九人が新顔というわけだ。新顔がちょうど半分占める。これについてベテラン議員は議会運営上、「経験不足の議員が多い」と心配する。

私はその心配は無用と、思う。議員報酬増や政務活動費不正事件は経験を重ねた、ベテラン組が招いたのだ。権腐十年。時として経験は惰性、権力に堕することがある。長年の慣例にとらわれず、フレッシュな感覚を若手議員に期待したい。地方議会に向けられた不信と危機から脱するため、新顔もベテランもない。大切なのは議員一人ひとり、現場を歩き、世間はどう思っているのか、市民の声を聞くことだ。市民の「代理」としての議員、これを反芻する者が活躍できるのである。

四つ目は、小中学校区という「超小選挙区」を地盤に地元の要望を中心に行政への橋渡しする議員から、全市的な政策を掲げた若い議員が登場したことだ。「超小選挙区」政治は行政の歪みや不正を招く温床になり得る。少子高齢化、人口減少時代に向き合い、奮闘中の子育てや介護など、これまでの仕事、暮らしの中から政策を提言、地域の若いママ友らが応援し、全市的に幅広い支援を受けた女性が当選した。こうした議員は「超小選挙区」のしがらみ政治から、共有する政策がネットワークを広げた。

一方、団塊の世代で元会社役員の男性は地域の人々に押され、出馬し当選した。「この年になって議員になるとは考えてもみなかった。議員歴を重ねようとは思わない。これまでの企業や社会経験を生かし精一杯、市民のために働きたい」と白髪をなでながら第二の人生を語ってくれた。

2 「生きている世間」に向き合う

新聞社に入社したころ、「新聞記者は足で書くものだ」と先輩がよく説いた。いざ、原稿を書き始めると、現場で聞いた事柄について、固有名詞や経過、背景など疑問点が湧き、筆が進まない。ちょっと電話で関係者に確認しようとしたところ、「現場で確認して来い」と先輩の大声が飛ぶ。今なら、パソコンやスマホに向かい、インターネットで検索すれば、かなりの情報が入手できる。だが、現場へ通わない記者は新聞記事の「かたち」を作っても、臨場感のない作文で終わる。読者はごまかせない。

やはり、現場を知り尽くし、掘り起こせば、新しい事実が顔を出す。本当のこと、真実が見えてくるのだ。

政治家にも、同じことが言える。地域の隅々まで歩き、どこに何があり、何が課題か頭に入れておく。住民に声を掛け、じっくり耳を傾ける。こうした行動が日常化すれば、議会での質問探しに窮することはない。役所の職員は多くの情報や資料を持っているため、「あそこは今どうなっている」と問い合わせると、関係書類を持参して来るだろう。それで、ほぼ実態をつかめるが、「本当のこと」は不確かだ。騙されてはいけない。最後は自分の足と目と耳で判断を。

時代は随分古いが、幕末の幕府陸軍総裁、勝海舟は江戸市中をよく歩いたと、伝えられる。勝と言えば、官軍（新政府軍）参謀の西郷隆盛と薩摩藩の屋敷の一室で会談し、江戸城の無血開城を決断した。当時、幕府だ、新政府だと、国が二つに分かれ、両軍の激突が避けられない情勢だった。戦いになれば、一〇〇万人以上の人びとが暮らしていた江戸は戦火に巻き込まれ、庶民の犠牲は計り知れなかった。加えて、日本の国力の弱体化に乗じ、欧米列強がつけ込むことが予想できた。

そんな時代、勝は日本橋、京橋の目抜き通り、芝や下谷など庶民の町、本所深川の場末も全て足を運び、町と人々を覚えた。もし、江戸開城となれば、江戸の大混乱を心配していたのだ。頼りにしたのが旗本や御家人ではなく、町民・庶民だった。吉原の経営者や料理屋、踊りの師匠、町火消しなどを総動員して、江戸市中の鎮静化にあたったのだ。勝は暇を見つけては町を歩き、町の実態を把握し、役立つ人間とそうでない人間を見抜いていた。

童門冬二『勝海舟の人生訓』を開くと、決断と実行の政治家、勝海舟は現場を、庶民を知り尽くしていた。だから、無血開城へ導き、江戸庶民は何事もなかったように、安心して暮らし続けることができたのである。後に勝は「世間は生きている、理屈は死んでいる」と語ったという。

「生きている世間」つまり、現代の激しく揺れ動く地域や住民の思いを、しっかり捉える役割を担えるのが地方議員である。個々の地域には、変動する課題が転がっている。人口減少に伴い、子どもの減少と学校統廃合、バス路線の廃止、子どもや高齢者の学校や施設への送迎、ごみ処理施設の広域化、耕作放棄地と野生動物の住宅地への侵入——等々、挙げれば切りがない。課題は多種多様、日本各地に広がる。

一人ひとりの議員、所属する都道府県議会、市区町村議会、さらには日本中の議会が連携すれば、国策を動かすことも可能だ。小さな地域で議員は住民とスクラムを組み、地域の合意形成と地域再生へ導けるだろう。そして、地域の民主主義の積み重ねが、真の地方自治へ、日本が変わるのである。

おわりに

二〇〇〇年、地方分権一括法の成立前後、ジャーナリズムの世界、ことに地方紙は「地方分権社会」をテーマに取材し、地方議会では「分権のメリット、デメリットは何か」と問う議員が目立った。今思えば、首長・行政に対し、「分権で何がどう変わるのか」を問うのではなく、議会自身が、「分権で何をすべきか」を問うべきであった。思考と具体的な行動が停滞した議会、前へ動き出した議会。分かれ道であった。

富山県議会や富山市議会で議員辞職が相次ぎ、そのたびに議会関係者は「全国に誇れる制度に改めたい」と、反省の弁を述べた。不正が発覚しなければ、改革はなかった。しかし、地元メディアが暴かなければ、延々と不正が続き、さらに蔓延していたかと思うと、背筋が寒くなる。

事件発覚から一年あまり経つ。日本人は忘れやすい。嫌なことは忘却の彼方に追いやりたいが、「誇れる議会」はほど遠く、当の地方議員たちや有権者は決して忘れてはいけない。

事件後、富山県内の議会は政務活動費の運用指針の見直しや領収書のインターネット上での公開、使用金額の後払い制を導入するなどの改革を前進させた。しかし、考えてみれば、偽の報告会の開催や偽の領収書の発行、偽の収支報告書の提出など嘘で固められた「政務活動」の常態化が異常なだけで、平常に戻しただけである。議会関係者がこれで「議会改革」と言うのは筋違いであり、ようやく、「議会改革」はスタートラインに立ったのだ。

今、地方を取り巻く環境が激しく動いている。国家的なテーマである、原発や農業、TPP、安全保障に伴う基地問題、高齢者福祉や少子化対策、地方創生などについて、国、中央政府は中央の視点で解決を図ろうとする。半面、地方は住民の視点で解決を模索し、提起する。これらの問題は、中央集権の発想では解決できないことを歴史が証明しているからである。国が今、取り組むテーマは住民に最も近く、よく見える地域のテーマであり、課題でもある。つまり、日本の現実や将来を知る現場は官邸や霞が関ではなく、地方なのである。地方自治体や地方議員、住民が実感として一番知っているのだ。

「議会改革」は議会だけではなく、地域と住民活動の問題でもある。近ごろ、地域の話題が満載の北日本新聞の地域版を眺め、ひと昔前と比べ、それも随分変わったと感じる。登場するニュースの主人公が役所や個人ではなく、団体やグループ。既存の団体ではなく、新たにできたボランティア団体やNPO法人、また自主的に集まった地域の住民グループや学生たちなのだ。

例えば、街中や農村に限らず、住民たちが独り暮らし高齢者の見守りや買い物支援、空き家対策で高齢者のサロンやレストランに改築し、運営する。また、買い物支援について言えば、地域のグループや農協が車で「移動ミニスーパー」を始めるなど、地域の住民に寄り添った仕事を始めている。耕作放棄地が目立つ、里山にはイノシシやクマが出没、雑草や繁茂する竹林を伐採、里山再生のため頑張る団体も多い。こども支援、移住促進、観光地の掘り起こし……。活動内容は多様だ。

若者が減り、高齢者が急速に増えるなか、老いも若きも自ら立ち上がり、さまざまな活動に取り組んでいる様子が分かり、頼もしい。既存の奉仕団体のボランティア活動をはるかに超える、地域活動が広がっていると思う。

地方消滅という言葉には悲壮感が漂う。だが、地方紙の地域版を見る限り、むしろ、地域と住民の奮闘ぶりが溢れている。「地方、地域は捨てたものではない」のだ。本書で前述した「縦社会」から「横社会」、住民や自主組織の連携、ネットワーク化が地域づくりに機能しつつある、と考える。

こうしたなか、地方議会、地方議員の存在が問われる。議員はバッジのお陰で、色々な団体の肩書を持つ。それは議員が特別に偉いからではない。それぞれの活動で住民と共に頑張り、汗をかいてもらいたいためである。ただ、地方議員が住民と違うのは、一人のボランティアに留まらず、役所が気付かない欠陥を見つけ、政策を立案し、条例をつくれる立場にあることだ。地方議員は地域の重要な主役であり、住民の「代理（人）」としての大きな仕事があるのだ。

批判を浴び、注目される地方議会、地方議員に対し、『地方議員を問う——自治・地域再生を目指して』は今こそ、地方議員の出番と信じ、奮闘を期待しての提言である。

本書の執筆の機会を得たのも、地元メディアのジャーナリズムによるところが大きい。また執筆にあたり、議員報酬増額問題や政務活動費不正事件、富山市議補選、本選挙など一連の動きについて、私の出身である北日本新聞の報道、また地方議会や地方自治の専門家の書籍などを参考にした。お礼を申し上げたい。最後に出版を引き受けて頂いた論創社、表紙カバーの帯の推薦文を寄せてもらったルポライターの鎌田慧氏に感謝申し上げたい。

二〇一七年一〇月吉日

梅本　清一

参考・引用文献／資料

牛山久仁彦・廣瀬和彦編、中邨章監修『自治体議会の課題と争点――議会改革・分権・参加』（芦書房、二〇一二年）
梅本清一『春秋の風――「震」の時代に生きる』（北日本新聞社、二〇一五年）
梅本清一『地方紙は地域をつくる――住民のためのジャーナリズム』（七つ森書館、二〇一五年）
遠藤和子『松村謙三』（KNB興産出版部、一九七五年）
河北新報社編集局編『変えよう地方議会――3・11後の自治に向けて』（公人の友社、二〇一一年）
北日本新聞社編集局社会部編『ドキュメント地方選のかたち』（北日本新聞社、一九九九年）
北日本新聞社「正念場の地方自治」取材班編『正念場の地方自治』（北日本新聞社、二〇〇三年）
北日本新聞社編集局編『わが半生の記――越中人の系譜　I』（北日本新聞社、二〇〇六年）
佐高信『正言は反のごとし――二人の謙三』（時事通信社、一九九一年）
佐高信『友好の井戸を掘った人たち』（岩波書店、二〇一三年）
童門冬二『勝海舟の人生訓』（PHP文庫、一九八九年）
中邨章『地方議会人の挑戦――議会改革の実績と課題』（ぎょうせい、二〇一六年）

日経グローカル編『地方議会改革の実像――あなたのまちをランキング』（日本経済新聞出版社、二〇一一年）
深代惇郎『深代惇郎の天声人語』（朝日新聞社、一九七五年）
福嶋浩彦『市民自治――みんなの意思で行政を動かし自らの手で地域をつくる』（ディスカヴァー携書、二〇一四年）
増田寛也編『地方消滅――東京一極集中が招く人口急減』（中公新書、二〇一四年）
山崎正『地方議員の政治意識――マニフェスト時代の地方議員を採点する』（日本評論社、二〇〇三年）
若宮啓文『忘れられない国会論戦――再軍備から公害問題まで』（中公新書、一九九四年）

月刊『ガバナンス』二〇一六年九月号特集「首長と議会――抑制・均衡・緊張関係」

月刊『文藝春秋』二〇一六年一二月号「富山一六議員辞職ドミノを倒した地方紙魂」

自由民主党富山県支部連合会編「自由民主党富山県支部連合会六〇年史」（二〇一六年）

北日本新聞朝刊二〇一三年四月一六日付「富山市長選・市議選投開票結果」

北日本新聞朝刊二〇一三年四月二六日付「富山市議会議員初会合で自民が委員長ポスト独占」

北日本新聞朝刊二〇一四年一月付連載「県議って？」

北日本新聞朝刊二〇一六年六月一〇日付「富山市特別職報酬等審議会議事録全文」
北日本新聞朝刊二〇〇一年六月一九〜二六日付連載「今なぜ合併論議か——県内市町村の動き」
北日本新聞朝刊二〇一六年八月二一・二二両日付「秘書が語る松村謙三」（上・下）
北日本新聞朝刊二〇一六年八月二八日付「県議会や市町村議会に関する県民意識調査」
北日本新聞朝刊二〇一六年一一月四日付「六日告示の南砺市議選、利賀地区が地元候補を断念」
北日本新聞朝刊二〇一六年一一月一三日付「公開シンポ——民意と歩む議会は変われるか」詳報
北日本新聞朝刊二〇一六年一一月　富山市議補欠選挙、及び一七年四月同市議本選の報道
北日本新聞朝刊二〇一七年三月二二・二六日付「砺波市議選で公開討論会」
北日本新聞朝刊二〇一七年六月二三日付「利賀の人口半減五四四人」
北日本新聞朝刊二〇一七年七月二九日付「全国知事会議で地方自治に関する決議」
北日本新聞朝刊二〇一七年八月二四日付「利賀の再生考えよう」
朝日新聞朝刊二〇一七年八月二七日付「平成とは——次代へ渡し損ねたバトン」
北日本新聞朝刊二〇一七年九月二八日付「元官僚に分権できるか」
北日本新聞朝刊　富山市議会議員報酬増額、同市議及び県議の政務活動費不正に関する一連の報道
北日本新聞朝刊　東京都知事選及び都政に関する一連の報道

❖ 著者略歴

梅本 清一（うめもと・せいいち）

1951年、富山県射水市生まれ。1974年富山大学経済学部卒業、北日本新聞社入社。論説委員、社会部長、政治部長、取締役編集局長を経て、広告局長、高岡支社長、常務社長室長、関連会社社長などを歴任。2014年退任、現在は相談役。編集局長時代にキャンペーン「沈黙の森」を推進、第5回石橋湛山記念早稲田ジャーナリズム大賞、農業ジャーナリスト賞。地域医療の問題を明らかしたキャンペーン「いのちの回廊」を推進、第25回ファイザー医学記事賞優秀賞。著書に、『先用後利——富山家庭薬の再発見』（共著、北日本新聞社出版部、1979年）、『春秋の風——震の時代に生きる』（北日本新聞社、2015年）、『地方紙は地域をつくる——住民のためのジャーナリズム』（七つ森書館、2015年）。

地方議員を問う
自治・地域再生を目指して

二〇一七年一二月一三日　初版第一刷印刷
二〇一七年一二月一八日　初版第一刷発行

著　者　梅本清一
発行者　森下紀夫
発行所　論　創　社
〒一〇一-〇〇五一
東京都千代田区神田神保町二-二三　北井ビル
電　話〇三-三二六四-五二五四
FAX〇三-三二六四-五二三二
web. http://www.ronso.co.jp/
振替口座　〇〇一六〇-一-一五五二六六

装　幀　宗利淳一
組　版　フレックスアート
印刷・製本　中央精版印刷

ISBN978-4-8460-1653-1